L'ANALYSE EN TANT QUE JEUX DES ALLÉGORIES PRODUITES AU TAT

Catalogage avant publication de Bibliothèque et Archives nationales du Québec et Bibliothèque et Archives Canada

Bossé, Michel, 1943-

L'analyse en tant que jeux des allégories produites au TAT : nouvelle méthode d'initiation à l'épreuve

(Cursus universitaire)

Comprend des références bibliographiques.

SBN 978-2-923656-51-9

1. Test d'aperception thématique. 2. Ludothérapie.
3. Enfants - Psychothérapie. I. Titre.

RJ503.7.T45B67 2014 155.4'182844 C2014-941975-9

info@groupeditions.com
www.groupeditions.com

L'analyse en tant que jeux des allégories produites au TAT : nouvelle méthode d'initiation à l'épreuve

ISBN 978-2-923656-51-9

Dépôt légal - Bibliothèque et Archives nationales du Québec, 2014
Dépôt légal - Bibliothèque et Archives Canada, 2014

L'ANALYSE EN TANT QUE JEUX DES ALLÉGORIES PRODUITES AU TAT

Nouvelle méthode d'initiation à l'épreuve

Formation – Psychologie clinique

MICHEL BOSSÉ

GROUPÉDITIONS

COLLECTION CURSUS UNIVERSITAIRE

Cet ouvrage est dédié à
Crescence Lizotte-Manaut
et à Clorinde Lizotte,
qui, de manière inspirante,
ont guidé mes premiers pas sur les
chemins de la connaissance.

Autres ouvrages de Michel Bossé

Connaissance et langage : une perspective structuro-génétique intégrée (1984). Trois-Rivières ; Épistémis.

Modes de fonctionnement cognitif et langagier (1990). Trois-Rivières ; Editions SMG.

Des tout-petits jouent, parlent et... se transforment (1999, réédition 2008). (en coll. avec Mylène Boileau et Isabelle Moreau). Montréal ; Groupéditions Éditeurs.

Initiation à la pratique psychothérapeutique auprès de l'enfant (2003, réédition 2008). Montréal ; Groupéditions Éditeurs.

Le sexe du psychothérapeute et son influence en pratique infantile (en collaboration avec Patrick Bissonnette et Marie-Claude Boutet), Montréal, Groupéditions, 2008.

« Pourquoi j'irais chez la psy, maman ?... », Montréal, Groupéditions, 2011.

Le mode de fonctionnement affectif de l'enfant : son analyse par le jeu spontané, Montréal, Groupéditions, 2012.

Évolution de la dynamique affective et accès à l'équilibre (en collaboration avec France Guay), Montréal, Groupéditions, 2013.

Introduction

La situation projective dans laquelle est placé l'enfant en évaluation quand on l'invite à imaginer une histoire à partir de ce qu'il voit dans une image est-elle suffisamment apparentée à celle du jeu spontané en psychothérapie pour que soient appliquées aux allégories alors produites les modalités d'interprétation utilisées dans cette seconde conjoncture? Voilà la question toute simple que nous nous sommes posée au tout début de la réflexion qui a entraîné l'élaboration de cet ouvrage sur le TAT. La réponse affirmative que nous lui avons rapidement donnée s'appuie sur cette réalité fondamentale que ces deux types d'activités sont ou doivent être ludiques, l'un autant que l'autre, et que la valeur de ce que chacun d'eux permet de révéler est fonction du plaisir et du degré d'implication manifestés par l'enfant dans sa réalisation.

On ne saurait nier que la situation projective dite thématique diffère du jeu spontané en ceci que la scène à propos de laquelle l'enfant doit élaborer une allégorie n'a pas été créée par lui, qu'elle lui est en quelque sorte « imposée », un peu comme il arrive dans les figures imposées de la danse ou du patinage artistiques en comparaison avec les épreuves de style libre. Selon notre expérience, ce cadre n'est pas limitatif au point de restreindre les possibilités projectives de l'enfant (et de l'adolescent), à condition que l'activité soit réalisée avec autant de plaisir que peut généralement l'être le jeu libre. Cette condition est essentielle (nous insistons là-dessus), et le clinicien doit veiller à ce qu'elle soit remplie absolument.

Cela étant, si la situation thématique est en principe proche parente ou peut-être même jumelle de celle du jeu spontané, que gagne l'interprétation des allégories élaborées en son sein si elle est menée exactement à la manière dont on procède pour découvrir le sens de celles données en séance de psychothérapie? Une telle méthode centrée sur le contenu plutôt que sur la forme et les particularités du discours facilite-t-elle le travail d'analyse des productions projectives et donne-t-elle à celui-ci plus de profondeur et plus de raffinement? Rend-elle plus accessible l'utilisation de ce type d'instrument et plus rapide l'accès à un niveau satisfaisant de maîtrise? Voilà autant de questions auxquelles cet ouvrage entend proposer des réponses à l'aulne desquelles sa véritable valeur devrait pouvoir être appréciée.

Le cheminement proposé ci-après se constituera de quatre volets essentiels. Dans le premier chapitre seront considérés des éléments préalables indispensables au travail interprétatif des productions données au TAT. Le deuxième chapitre passera en revue les dix-sept planches de cet instrument qui sont utilisées auprès des enfants et des adolescents; cette revue s'accompagnera d'un grand nombre d'allégories fournies par des sujets présentant l'un ou l'autre des principaux modes de fonctionnement affectif. Le troisième chapitre sera consacré à la présentation des résultats de l'analyse des données cliniques concernant les sujets évalués dont les allégories auront été plus fréquemment mentionnées. Un quatrième chapitre couronnera la démarche; y seront présentées et interprétées toutes les allégories produites au TAT par quatre cas supplémentaires, et ce, pour démontrer l'importance de « l'effet de cumul » créé par l'étude les unes à la suite des autres des allégories d'un même protocole.

Chapitre premier

Considérations préliminaires

Avant d'entrer dans la présentation des planches constitutives du TAT et dans l'étude des allégories qu'elles peuvent susciter, nous devons accorder notre attention à un certain nombre de considérations portant sur les conditions d'analyse des allégories et sur celles liées à la cueillette des données. Ces considérations préliminaires concerneront trois sujets en particulier. Tout d'abord, nous passerons rapidement en revue les modes de fonctionnement affectif tels qu'ils peuvent être cernés dans l'analyse des productions ludiques, un préalable incontournable, selon nous, pour l'utilisation la plus avantageuse possible de l'épreuve thématique. Dans un deuxième temps, nous apporterons des précisions d'ordre technique concernant la passation du TAT (planches à présenter, enregistrement des données et consignes à utiliser). Finalement, nous présenterons les composantes de la stratégie à utiliser pour l'interprétation ou le décodage des allégories élaborées au fil des planches.

Un aperçu des modes de fonctionnement affectif tels qu'ils peuvent être cernés dans l'analyse des productions ludiques

La pratique de l'interprétation des allégories produites en situation de jeu spontané a clairement démontré à quel point il est important de connaître les modes de fonctionnement affectif. Il s'agit certainement d'un préalable sans lequel on ne peut rapidement développer son aisance dans la fonction évaluative. Comment, en effet, sans cette connaissance, en venir à poser l'hypothèse, dans le cas d'un sujet œdipien, qu'il puisse se profiler derrière la figure parentale dans une allégorie donnée? Comment peut-on en venir à envisager que le support identitaire d'un anaclitique (de niveau médian) soit le bébé sur une planche sur laquelle une telle figure apparaît? L'utilité de la connaissance des modes de fonctionnement peut être décrite de manière métaphorique : elle est l'équivalent d'une « corbeille à compartiments » dans laquelle le clinicien pourra déposer (en les préclassant) les indices retenant son attention au fur et à mesure de sa lecture des allégories, et dont l'usage deviendrait toujours plus aisé et plus précis avec l'expérience. Voilà pourquoi il nous faut d'entrée de jeu rappeler les caractéristiques les plus essentielles des cinq modes psychoaffectifs que sont l'œdipien, l'anaclitique de haut niveau (phallique), l'anaclitique de niveau médian, l'anaclitique de bas niveau et le sujet campé à la frontière de la psychose.

Le sujet œdipien met en scène de façon typique un affrontement entre deux camps dont l'enjeu est un personnage valorisé (généralement de sexe différent du sien) ou un objet de valeur (ce qui revient au même, car c'est le parent objet de sa quête amoureuse qui est ainsi symbolisé). Il se profile lui-même derrière l'un de ces deux camps, celui qui l'emporte; la figure parentale rivale, qui est derrière l'autre camp, essuie la défaite, à tout le moins au moment où débute la consultation. Ce déséquilibre en faveur du support identitaire va perdurer pour une bonne partie de la psychothérapie – jusqu'à la phase du renoncement, en fait. Dès lors, la victoire sera concédée à la figure parentale rivale. L'angoisse de castration se manifeste de différentes façons et elle est très souvent ce qui se trouve à la source des symptômes qui ont entraîné le besoin de consulter. Il y a, chez l'œdipien, prise en compte de la dimension sexuée soit dans la présentation de soi, soit dans la façon dont l'autre est appréhendé (mère, père, autre éducateur). La dimension sexuée du thérapeute est manifestement reconnue, ce que des manifestations transférentielles révèlent fréquemment. La mentalisation est généralement de très bon niveau.

> **Philippe** présente le mode de fonctionnement affectif qui est attendu chez un garçon bien portant de son âge. L'élan maturatif est toutefois en panne chez lui; en effet, ce garçon n'arrive pas à relever le défi essentiel de son niveau de développement, c'est-à-dire renoncer au projet d'être celui qui est le meilleur confident de sa mère, celui qu'elle aime le plus, son véritable amoureux en fait, occupant dès lors la place qui revient normalement à son père. Ce projet de conquête mobilise beaucoup d'énergie chez lui et handicape sérieusement sa capacité d'attention et de concentration dans la réalisation de ses tâches d'apprentissage. C'est ce qui explique qu'il présente un niveau de performance nettement en deçà de son potentiel réel. Cette situation d'échec a des effets sur la confiance en soi et l'estime de soi, effets qui handicapent sérieusement

l'investissement dans les tâches scolaires. Du fait de son projet de conquête du cœur de la mère et de son désir d'évincer le père, Philippe lutte avec un sentiment de culpabilité de forte intensité (il se voit comme un être monstrueux). D'ailleurs, il y a fort à parier que c'est en grande partie cette culpabilité qui l'accule à l'échec. Inconsciemment, il perçoit celui-ci comme un châtiment mérité, une épreuve qui soulage son malaise intérieur.

Le sujet anaclitique de haut niveau (phallique) produit un scénario dont l'action révèle généralement le désir de reconnaissance narcissique phallique (désir d'être reconnu comme un grand, comme capable, comme habile, comme efficace, etc.). Ses allégories peuvent exhiber un affrontement entre deux camps, mais l'enjeu n'est pas le parent aimé passionnément, symbolisé ou non, mais bien plutôt la valorisation ou la promotion du soi dans l'une ou l'autre de ses facultés (ou prétendues aptitudes). Elles peuvent également mettre le support identitaire dans la position d'un héros, de quelqu'un qui accomplit une ou des actions susceptibles de lui attirer l'admiration de ses proches. L'angoisse est essentiellement une angoisse de perte (d'objet ou de la considération de la part de cet objet). Voici un cas assez typique.

Fabien : L'analyse des productions de ce garçon données en situation projective laisse voir chez lui un grand désir d'être reconnu comme bon, efficace, comme quelqu'un de bien en somme. Habité par le doute au sujet de sa valeur et par la crainte d'être condamné à l'échec, il démissionne rapidement devant les tâches qui ne lui sont pas familières d'emblée, d'où son désintérêt rapide et sa grande distractibilité. Beaucoup de ses comportements visent à attirer la reconnaissance des autres; celle des pairs, bien évidemment, mais aussi celle des adultes. Pour lui, le monde se structure essentiellement en forts et en faibles, en grands et en petits. Il aimerait bien faire partie du monde des grands et des forts, mais il craint douloureusement de ne pouvoir y parvenir. Chaque échec ne fait que renforcer ce doute. Ce garçon a un grand besoin d'être soutenu, encouragé, et il vit péniblement d'être l'objet de reproches, particulièrement devant les autres (pairs, enseignants ou parents). Ses relations sociales sont entachées par ce désir omniprésent d'être reconnu comme bon, comme meilleur que les pairs, d'où sa tendance à rabaisser ceux-ci.

Le sujet anaclitique de niveau médian peine souvent à produire un scénario à cause de sa capacité réduite de mentalisation. Les scènes mises de l'avant renvoient généralement à une relation dyadique (mère-enfant) avec désir d'exclusion (quelques fois par mort, le plus souvent par éloignement) du rival ou des rivaux anaclitiques. La figure paternelle (p. ex. le père ou le conjoint de la mère) peut être vue comme un rival de ce type, tant pour le garçon que pour la fille. L'angoisse est de perte d'objet ou d'abandon. Le sujet de ce niveau hésite entre « grandir » ou rester un tout-petit, mais il donne sa préférence à cette dernière option. Dans ses productions ludiques, il se met habituellement dans la peau d'un sujet beaucoup plus jeune, parce qu'il est persuadé que c'est en gardant le statut et la manière d'être d'un tout-petit qu'il va pouvoir recevoir le surplus d'attention et d'affection qu'il recherche ardemment. Il a tendance à imaginer un scénario de « grand soir », de fête, comme moyen de combattre les sentiments de solitude et de vide affectif qui l'habitent, et pour avoir l'impression que son désir d'être aimé va être satisfait.

Pascal : ce garçon présente un déficit dans son développement affectif. Son mode d'être sur le plan affectif est celui d'un enfant nettement plus jeune. La peur d'être laissé pour compte, d'être abandonné, transparaît dans nombre de ses productions. Ce besoin d'être rassuré sur l'attention ou l'affection qu'on lui porte le rend dépendant de la présence de l'adulte, particulièrement des figures maternelles. Ce manque d'autonomie se manifeste dans l'accomplissement des tâches auxquelles il doit se soumettre, à l'école comme à la maison. Il rechigne à fournir l'effort nécessaire à l'expression et à la réalisation de son potentiel, qui est bien meilleur que ce que laissent voir ses résultats. La plupart du temps, il est sous-performant à cause de ce refus de l'effort : déjà visible dans sa calligraphie, ce manque d'application se manifeste dès que la tâche commande une attention et une concentration soutenues. Le recours à l'expression de sentiments négatifs concernant ses capacités est une stratégie pour faire diminuer la dimension de la tâche et, en même temps, pour mobiliser l'adulte qui peut lui apporter de l'aide ou qui peut faire le travail à sa place. Dans ce contexte, il n'est pas surprenant de le voir se réfugier dans le jeu autant et aussi souvent qu'il le peut, à la manière d'un sujet plus jeune. Il n'est pas surprenant non plus de constater sa tendance à rechercher la satisfaction immédiate ou sa difficulté à remettre à plus tard la satisfaction d'un besoin ou d'un désir.

Les deux niveaux suivants sont voisins à tel point qu'on peut parfois les confondre sous certains aspects. En fait, les sujets de l'un et de l'autre niveau peuvent partager des caractéristiques cliniques (violence défensive ou lutte pour assurer la survie du soi, identification projective, intrusion du processus primaire, notamment), mais ils diffèrent en ceci que celles de l'anaclitique de bas niveau sont moins accentuées et fréquentes que celles de son voisin nosographique. Ils diffèrent surtout sur le plan de la nature de leur anxiété : de perte d'objet pour l'anaclitique de bas niveau et d'annihilation ou de morcellement pour le sujet campé à la frontière des états autistiques (de type schizophrénique).

Le sujet anaclitique de bas niveau met en scène un scénario dans lequel la violence défensive s'exprime clairement. L'environnement est décrit comme hostile, non soutenant ou intrusif, menaçant de s'en prendre au soi et même d'attaquer l'intégrité du soi. La violence qui s'exprime ne vise pas essentiellement à faire mal à l'« autre », mais à défendre le soi. Le sujet de ce niveau a de la difficulté à croire en l'efficacité des personnes normalement protectrices : la mère est décrite comme irresponsable, absente, morte ou sans vie, d'où la présence de sentiments de détresse et d'impuissance. Ce sujet peut présenter à l'occasion des productions marquées par le processus primaire.

Adam : il met en scène un affrontement entre deux clans : le bon ou le gentil (le soi) et les méchants (l'autre hostile). Manifestement, il ne s'agit pas pour lui de faire étalage, par son support identitaire, de toute une gamme d'habiletés dans le simple but d'être reconnu par la thérapeute au niveau du narcissisme phallique. En témoigne le fait que, dans son jeu, il n'y a pas insistance de la part du garçon sur la force ou l'habileté dont le support identitaire aurait fait preuve pour se sortir d'impasses : l'issue heureuse (pour celui-ci) est présentée comme accidentelle dans la première des allégories produites dans la séance et comme banale dans la deuxième[1]. On doit donc nécessairement conclure qu'il ne s'agit ici, pour le garçon, que de communiquer à sa thérapeute de façon allégorique l'intensité du combat qu'il mène pour assurer sa survie et pour contrer des conditions très souvent jugées par lui comme dangereuses. Adam ne vise en fait qu'à montrer dans quelle mesure son instinct de survie est et doit être mobilisé. L'autre

1 Il y a une autre caractéristique différentielle (en comparaison avec les sujets phalliques) qui apparaît à l'analyse : dans ces trois affrontements (il faut en effet inclure celui du dernier jeu avec la thérapeute qui a impliqué l'utilisation des épées), Adam ne démontre pas une tendance à inférioriser, à ridiculiser ou à décrire négativement l'adversaire : au contraire, c'est le plus souvent ce dernier qui est présenté comme ayant tous les atouts, toute la puissance.

est hostile : il est susceptible d'attaquer et il faut l'attaquer pour se défendre.

Le sujet campé à la frontière des états autistiques (ou en eux) de type schizophrénique manifeste des intrusions du processus primaire plus fréquemment et de manière plus accentuée. Il y a dans le processus de la pensée un relâchement de la logique qui devrait normalement organiser le flot imaginaire. La violence défensive est très généralement dirigée vers la figure maternelle, accusée d'avoir gravement manqué à sa fonction protectrice et bienveillante, et ce, dans une plus ou moins grande mesure selon la position occupée dans la proximité du spectre des états autistiques.

Sam : son jeu apparaît bizarre, déconcertant : il n'y a pas de fil conducteur ou de structure d'organisation; il s'agit pour l'essentiel d'une succession d'actions ou d'événements plutôt hétéroclites. La mentalisation donne l'impression d'être comme un voilier sans dériveur qui se laisse ballotter au gré des vagues et du vent. Elle se constitue des effets de stimulations externes ou internes sur lesquels le raisonnement ne semble pas avoir de prises. Il cherche quand même à garder l'attention du thérapeute, et peut-être est-ce justement là ce qui compte vraiment pour lui : avoir l'impression d'être enveloppé par cette présence. L'angoisse n'est pas de perte d'objet ou d'abandon, mais bien plutôt de morcellement ou d'annihilation.

Les indices cliniques qui viennent d'être présentés sur chacun de ces modes constituent les plus essentiels[2]. Au fil de leur expérience, le psychothérapeute et le clinicien vont pouvoir compléter ce tableau. Rien n'est plus propice à l'intégration rapide de ce savoir qu'une pratique personnelle bien guidée par un superviseur chevronné.

Aspects plus techniques de la passation : les planches à utiliser, l'enregistrement des données et la consigne à donner

La plupart des planches du TAT sont recommandées autant pour les sujets masculins que pour les sujets féminins : ainsi en est-il de 1, 2, 3BM, 4, 5, 10, 11, 12BG, 13B, 19 et 16. Une seule n'est habituellement utilisée qu'avec les adultes, hommes ou femmes : 13MF. Le choix de la présenter à des adolescents est cependant devenu assez répandu. Dans le lot des autres planches, trois sont présentées aux sujets masculins seulement : 6BM, 7BM et 8BM. Enfin, trois autres ne sont utilisées qu'avec les sujets féminins : 6GF, 7GF et 9GF.

Idéalement, la passation de l'épreuve s'effectue à l'intérieur d'une seule séance. Cela ne veut pas dire que des allégories obtenues sur deux séances n'auront aucune valeur. Nous avons cependant été à même de remarquer qu'une telle façon de faire casse le rythme de l'investissement du sujet dans l'activité. Comme on pourra le constater dans les données présentées aux deuxième et quatrième chapitres, quand la situation

2 On pourra compléter ce tableau en consultant certains de nos ouvrages publiés antérieurement (Bossé, 2003; Bossé, 2011; Bossé, 2012).

est suffisamment perçue et vécue comme ludique, une dynamique s'installe qui favorise l'« ouverture » progressive de l'inconscient; elle nous paraît opérer de façon optimale quand toutes les planches prévues au protocole sont utilisées sans interruption, les unes à la suite des autres et dans l'ordre indiqué par le chiffre (sauf pour la 16, qui est proposée après la 19)[3].

Dès le début de la présentation, il faut prendre la précaution de tourner la pile des planches face dessous, de telle manière que le sujet ne puisse en voir qu'une à la fois. Il doit en être ainsi tant pour les planches déjà utilisées que pour celles qui restent à soumettre. L'accès visuel du contenu de la planche suivante ou précédente pourrait créer des interférences dans l'élaboration en cours.

Qu'en est-il de la prise des notes (car il faut pouvoir compter pour l'analyse sur un compte-rendu précis de chacune des productions)? Nous en sommes venu à la conclusion, au fil des années, que la méthode la plus précise et la plus commode consiste à faire appel à un appareil d'enregistrement de petite dimension et d'utilisation discrète. La prise de notes sur papier peut distraire tout autant le sujet en évaluation que le clinicien. Le sujet peut vivre comme intrusive la consignation sur papier et cette perception peut entraver sa spontanéité. Cette procédure d'inscription peut en outre casser le rythme de l'élaboration, compte tenu du temps qui doit être consacré à l'écriture. Ce travail d'écriture peut en outre amplifier indûment la distance entre le sujet et

3 La planche 13MF est présentée après la 13B.

le clinicien. Ce dernier, tout à la tâche de la transcription, quitte des yeux le sujet et peut de ce fait manquer l'occasion d'apercevoir un geste ou une mimique susceptible de donner un surplus de relief à la production. Pour toutes ces raisons, il nous paraît de loin préférable d'avoir recours à un petit appareil d'enregistrement utilisable de la façon la plus discrète possible.

La consigne de départ doit traduire le caractère ludique qu'on veut donner à l'activité. Il faut éviter de présenter celle-ci avec le ton sérieux et réservé qui accompagne généralement l'annonce d'une tâche scolaire. On peut dire, par exemple : « Aujourd'hui (ou maintenant), je vais te proposer quelque chose de spécial, un jeu d'imagination en fait. Ce jeu va me permettre de mieux te connaître et de comprendre rapidement ce que tu vis réellement. **Je vais te présenter des images et à propos de chacune d'elles, je vais te demander d'imaginer une histoire à partir de ce que tu vois, une histoire qui doit avoir un début et une fin.** » On peut ajouter : « Rappelle-toi, c'est un jeu d'imagination, et dis-toi bien qu'il n'y a pas de bonne ou de mauvaise réponse. C'est **ton** histoire qui compte, c'est ce qui est le plus important. » La planche 16, qui est immaculée, exige une consigne adaptée à la tâche qu'elle commande : « C'est la dernière et elle est un peu particulière : elle est toute blanche. Pour celle-là, tu peux imaginer l'histoire que tu veux en te fiant à ce qui te vient spontanément. »

Doit-on, par une répétition partielle de la consigne, chercher à rendre plus dynamique la production du sujet si celle-ci est peu abondante ou même minimale, comme c'est souvent le cas de ceux qui présentent des habiletés réduites de mentalisation? Idéalement, il ne faudrait le faire que deux ou trois fois tout au plus, car il y a risque d'être perçu comme intrusif ou encore de placer le sujet dans une position de dépendance en ce qui concerne la communication. Ainsi en va-t-il des questions visant à faire aboutir le récit, la plus commune étant : « Comment ça va finir? » Cette question s'impose si l'enfant ne semble pas donner une fin à son allégorie dès les deux premières planches. Elle peut servir à rappeler la partie de la consigne de départ qui n'a peut-être pas été prise en compte. Si c'est le cas, comme l'indique la réaction du sujet, on peut dès lors inviter celui-ci à compléter les allégories précédentes. Il y a de toute façon, à propos du questionnement, une certaine marge de manœuvre : trop peu questionner est tout aussi dommageable que trop le faire. Il faut savoir doser, y aller d'une fréquence qui permet d'entretenir la flamme ludique. La règle d'or que le clinicien doit respecter en tout temps lors de la passation, c'est de maintenir le caractère projectif de la situation dans laquelle le sujet (enfant, adolescent ou adulte) se trouve face à lui. Doivent être évitées des questions ou des interventions qui conduiraient le sujet à produire des idées altérant le sens de l'allégorie en cours d'élaboration, idées qu'il n'aurait pas émises spontanément. Ces prescriptions laissent tout de même une marge de manœuvre suffisante au clinicien. Les questions permettant de clarifier une information ambiguë ou obscure peuvent parfaitement être posées sans que cette règle d'or soit enfreinte.

Les psychothérapeutes qui sont rompus à la pratique de la thérapie par le jeu savent qu'il peut être éclairant, surtout en début de thérapie, de poser la question suivante au terme de l'allégorie : « Supposons qu'on fasse un film avec ton histoire, quel rôle aimerais-tu jouer? » Dans le cas des œdipiens, des phalliques et des anaclitiques de bas niveau, cette question ne s'impose généralement pas à cause du « caractère lisible » de leur matériel et, donc, de la relative facilité avec laquelle on peut y repérer le support identitaire. C'est surtout dans le cas des anaclitiques médians qu'il peut parfois être avantageux d'emprunter cette voie. Qu'en est-il de la situation TAT? On peut être tenté d'avoir recours à cette astuce dans certains cas, tout en faisant preuve de prudence dans l'appréciation de la réponse. Le sujet répond à la question à travers son aménagement défensif, et il nous arrive parfois de constater que la réponse donnée n'est pas crédible; cela peut arriver, par exemple, quand les événements évoqués dans l'allégorie sont décrits du point de vue d'un autre personnage que le support identitaire proposé dans la réponse. Nous ne croyons donc pas qu'il soit à recommander de faire appel à cette question de façon systématique. Une autre raison de ne le faire que rarement est que la question devient toujours plus inutile pour le clinicien avec le cumul de ses évaluations. Il y a également une troisième raison, et elle est liée au fait qu'avec cette question, il y a grand risque de mettre en garde les défenses du sujet : profiter de l'effet de surprise lors d'une occasion bien choisie, cela peut aller, mais il faut éviter que le sujet « voie venir » le clinicien en prenant le parti de donner la réponse la plus confortable possible devant lui, et non pas nécessairement celle qui s'imposerait en toute logique. Il y a finalement une quatrième raison, et celle-ci est liée à la stratégie qu'il est recommandé d'adopter pour l'analyse des allégories du TAT. Nous y venons ci-après.

Stratégie pour l'interprétation des allégories

La stratégie la plus efficace pour entrer dans le travail d'interprétation des allégories données au TAT implique l'analyse préalable du ou des jeux spontanés produits dans la même évaluation (généralement dans la suite des épreuves graphiques ou après l'épreuve thématique). Nous avons démontré dans un ouvrage antérieur (Bossé, 2012) la valeur inégalée et inestimable en tant qu'outils d'évaluation des allégories produites en séances de jeux. Nous sommes en mesure de démontrer à quel point ce médium est relativement facile à maîtriser à compter du moment où l'on s'est familiarisé avec les modes de fonctionnement affectif. C'est ce qui fait qu'au terme de l'analyse de l'allégorie ludique, le clinicien a le plus souvent déjà repéré les caractéristiques essentielles du support identitaire et il a pu dégager le sens des actions que celui-ci exécute ou des situations dans lesquelles il se retrouve. Il a dès lors pu identifier le mode de fonctionnement affectif du sujet, et ce, avec un niveau élevé de certitude, particulièrement s'il a pu compter sur plus d'une allégorie ludique. S'il n'était pas possible de compter sur au moins une production de ce type, comme c'est le plus souvent le cas avec les adolescents plus âgés ou les adultes, il pouvait trouver l'équivalent d'un tel matériel dans les données provenant des productions graphiques; il fallait pour cela que la consigne donnée préalablement ait explicitement invité le sujet à penser à une histoire qu'il pourrait « raconter au sujet des événements ou des situations évoqués dans son dessin »[4].

Les données du TAT vont très généralement confirmer le diagnostic dégagé par l'analyse des allégories produites dans le jeu ou à propos de dessins. Elles vont étayer ce diagnostic, le raffiner, le compléter si besoin est, à condition, bien évidemment, que la passation du thématique ait été vécue de manière ludique, il faut le rappeler ici. Les supports identitaires, qui auront surgi dans l'épreuve thématique, vont nécessairement partager beaucoup de « traits de parenté », d'« airs de famille » avec ceux qui seront apparus dans les allégories produites au cours de jeux ou autour des dessins. L'analyse préalable de ces productions va donc constituer un atout extrêmement utile pour le décodage des allégories recueillies en situation TAT. En fait, puisque dans la grande majorité des cas, le clinicien va connaître le mode de fonctionnement affectif du sujet avant même de procéder au décodage des allégories du thématique, la tâche de repérer où niche le support identitaire dans chacune de celles-ci sera dès lors grandement facilitée. Il en ira de même du travail d'interprétation lui-même[5].

4 Les récits de rêves, de cauchemars, notamment, peuvent également fournir des indices fort éclairants.

5 L'importance du repérage du support identitaire pour la suite de l'analyse est comparable à celle du recours à l'interrupteur rétablissant l'éclairage dans une pièce sombre sinon totalement obscure. Tout « devient clair » après ce repérage.

La connaissance des modes de fonctionnement affectif, l'analyse préalable d'au moins une allégorie produite dans le jeu ou dans l'épreuve graphique et le repérage du support identitaire constituent les trois volets de la stratégie que nous proposons pour l'analyse des allégories produites devant les planches du TAT. Nous estimons que cette stratégie est celle qui permet de retirer le plus de bénéfices pour le diagnostic des productions fournies par l'enfant et l'adolescent à cette épreuve, qu'elle est celle qui peut être la plus rapidement appliquée et celle dont la maîtrise s'acquiert dans le meilleur temps possible. La présentation et le décodage des allégories produites à chacune des planches devraient permettre d'en faire la démonstration. C'est ce à quoi nous allons maintenant nous employer.

Chapitre deuxième

Le TAT : présentation des planches et des allégories qu'elles peuvent susciter selon les modes de fonctionnement affectif

Pour qu'apparaisse dans toute sa dimension la valeur du TAT en tant qu'outil d'évaluation, il importe de faire la présentation la plus détaillée possible du contenu de chacune des planches, ainsi que de citer et d'interpréter un certain nombre d'allégories produites devant elles par les sujets des différents modes de fonctionnement affectif. C'est ce nous ferons dans ce chapitre. Il importe de préciser d'entrée de jeu que nous ramènerons sous une même catégorie les sujets anaclitiques de bas niveau et ceux campés à la frontière des états autistiques de type schizophrénique (ou en eux), ceux-ci étant désignés par le terme *parapsychotiques*. Le commentaire suivant la production citée permettra de différencier les sujets de chacune de ces sous-catégories.

Planche 1 : le garçon devant le violon

La première planche représente un garçon devant un violon[6]. La posture du garçon laisse place à l'ambiguïté :

6 Cette planche est la reproduction d'une photographie du célèbre violoniste Yéhudi Menuhin, alors qu'il était enfant. Il est assez singulier que l'on doive admettre comme indicative d'un problème au niveau de l'élaboration du narcissisme secondaire une production qui irait dans le sens suivant : « Le petit garçon ne sait pas jouer du violon, mais il va se pratiquer et il va devenir un virtuose, il va jouer avec de grands orchestres et il va devenir célèbre dans le monde entier. » Pourtant, c'est exactement ce qui est arrivé à Menuhin. Il importe de mentionner ici que du point de vue de la pratique clinique, la situation réelle qui correspond à ce qui apparaît sur la planche et ses suites n'ont pas réellement d'importance : ce qui est vraiment révélateur, c'est la relation entre le mode de fonctionnement affectif du sujet examiné et le contenu de l'élaboration qu'il produit par face à la planche (et à toutes les autres). Le repérage de cette relation se réalise de manière optimale, cela va de soi, grâce à l'expérience et à la culture « thématique » du clinicien qui interprète les données, planche après planche.

on peut la voir simplement comme celle d'un enfant qui contemple l'instrument, ou qui pense au plaisir d'en jouer éventuellement. Dans ce dernier cas, il se pourrait que le violon soit vu comme l'instrument d'un adulte. On peut également interpréter la situation comme étant celle d'un enfant contrarié, las, fatigué, refusant de se mettre au travail, c'est-à-dire à la pratique de son instrument.

L'intérêt de cette planche, c'est de faire apparaître dans quelle mesure le sujet en évaluation reconnaît au garçon la capacité de réaliser la tâche qui s'impose à lui. Bien évidemment, la situation étant projective, on tient pour acquis qu'en prenant ce garçon comme support identitaire, le sujet livrera la réaction qu'il aurait dans une telle situation. Il y a plus encore : on retient l'hypothèse que sa description de l'état d'esprit du garçon révèle tout autant le sien propre face à toute tâche exigeant un effort, notamment à celle que lui propose l'épreuve thématique.

Élaborations produites par des sujets à fonctionnement œdipien

Klara : +++[7] *C'est un petit garçon qui avait de la misère* +++ *à travailler.* ++ *Pis euh… (?)*[8] *I' va penser à quelque chose pis i' va être capable après. (?) Pis i' va réussir.*

7 Le recours au signe + veut montrer l'hésitation du sujet à élaborer. La perspective présentée ici, qui met l'accent sur l'allégorie en tant que telle plutôt que sur les modalités dans laquelle elle est fournie, n'accorde pas d'importance au temps mis à la produire. Nous avons choisi de mentionner cette donnée pour permettre à celui qui le souhaiterait de pratiquer une lecture de notre matériel qui tiendrait compte de cette donnée contextuelle.

8 Le point d'interrogation entre parenthèses (?) évoque la question du clinicien : « Qu'est-ce qu'il va arriver? » ou encore « Comment ça va finir? »

Simone : *Je le sais pas c'est quoi [montre le violon]. Je pense savoir. Il était une fois un petit garçon avec son violon sur sa table. Il le regardait et à un moment donné, sa mère est arrivée. Elle lui dit : « Tu devrais faire quelque chose. » Alors le petit garçon décide d'aller s'inscrire à des cours pis de faire de la musique.*

Marianne : *C'est un gars qui joue du violon; i' est pas capable; ça fait que là, i' se décourage. (?) I' va prendre son violon pis i' va être capable de jouer.*

Jean-Benoît : *Le petit garçon se demande ce qu'i' pourrait faire pour impressionner son professeur de violon. Alors i' pense à une mélodie que son professeur aimerait entendre. (?) Ca se termine que son professeur est content de lui.*

L'élaboration fournie par ces quatre enfants semble démontrer qu'ils ont été suffisamment comblés au niveau du narcissisme phallique pour pouvoir à tout le moins amorcer la période œdipienne. Jean-Benoît attribue à son support identitaire son propre désir d'exhiber son talent à la figure paternelle.

Philippe : *C'était un petit gars qui, lui, voulait aller à la pêche, pis son père, i' voulait pas, pis que là, le petit gars, i' bougonnait à sa table.*

Le support identitaire de ce garçon œdipien aurait voulu de la part de son père une preuve tangible susceptible de le rassurer sur les sentiments de ce dernier à son endroit, sentiments dénués de tout esprit de vengeance.

Élaborations produites par des sujets à fonctionnement anaclitique de haut niveau (phallique)

Chloée : *C'est un garçon qui essaie de jouer au violon, mais qui est pas capable. (?) Pis c'est tout.*

Mélissa : *C'est un enfant qui voudrait apprendre à faire du violon. Pendant son cours, i' est découragé parce que i' est vraiment pas capable.*

Charles : *Un garçon qui a pas l'air trop sûr de jouer du violon. Pis i' a de l'air à s'ennuyer, en passant. (?) Comme ça.*

Kevin : *Le petit garçon, i' s'ennuie; i' avait pas le goût de jouer du violon. I' pense à essayer de se trouver un autre jeu. (?) Mais i' a pas trouvé d'autre jeu.*

Un sentiment négatif (ennui, tristesse, découragement, etc.) est présent dans toutes ces élaborations. Ce sentiment affecterait directement la capacité du garçon (support identitaire) d'accomplir la tâche demandée : faire son exercice de violon. Il est logique de penser que ce sentiment négatif est une projection trahissant la façon dont le sujet se situe face à une tâche (l'épreuve thématique elle-même) qui exige de lui un effort réel et qui le conduit à se poser la ou les questions suivantes : « Suis-je capable d'être à la hauteur ou non? Ai-je envie de tenter de démontrer que je suis capable de réussir ce qu'on me demande? À quel point pourrai-je supporter le fait de ne pas être capable? » Manifestement, la production de ces enfants peut trahir leur narcissisme phallique insuffisamment comblé.

Élaborations produites par des sujets à fonctionnement anaclitique médian

Nicolas : *Est-ce que son violon est cassé? I' est pas content parce que son violon est cassé. Pis un jour, son père l'amène chez le réparateur et i' est tout joyeux.*

Marilou : *Il a 7 ans et il déballe son cadeau de fête. Cette année, il désirait avoir une guitare électrique. À sa grande surprise, quand il déballa son cadeau, il se rendit compte que c'était un violon sans importance. Il était très déçu.*

Régine : *Un garçon qui est triste. C'est quoi ça [en pointant le violon]? (?) Un garçon qui est triste parce que son arc est cassé. (?) À la fin, i' est content parce que quelqu'un l'a réparé.*

Simon : *C'est quoi ça [en pointant le violon]? Je ne sais pas c'est quoi. C'est quelqu'un qui voudrait apprendre à utiliser son outil mais il ne sait pas comment.*

Mégane : *C'est quelqu'un désespéré de pas pouvoir être bon en violon. (?) Que finalement, que ce sera le meilleur dans le monde.*

Dans l'allégorie de Simon, l'état d'incapacité du support identitaire n'est pas surmonté. Dans deux autres cas (Nicolas et Régine), l'impasse créée par l'état brisé du violon est dénouée grâce à la mobilisation d'un agent réparateur, dénouement qui atteste de l'espoir de ces enfants d'un comblement de leur quête affective. Le cinquième sujet (Marilou) reconnaît dans la physionomie du garçon les signes d'une grande déception, celle de ne pas avoir été comblé comme espéré, un sentiment qui est vraisemblablement lié à sa propre revendication affective qui est toujours vive. Chez Mégane, il y a une résolution magique de l'état d'incapacité, celui-ci étant suivi d'un destin fabuleux. Il y a là un bel exemple de ce qu'on appelle communément un dérapage maniaque : l'état d'incapacité est reconnu, dans un premier temps, mais il est rapidement surmonté par la conception d'un état idéal, sans que soient évoqués les étapes intermédiaires et les moyens mis en œuvre, évocation qui permettrait d'en apprécier le réalisme.

Élaborations produites par des sujets à fonctionnement anaclitique de bas niveau et par des sujets parapsychotiques

> Mylène : *Je ne sais pas c'est quoi [le violon]; c'est pas clair. ++ C'est une petit enfant qui est dans l'eau. C'est le bord ici. I' regarde dans le bol d'eau. I' est dans un lac pis i' regarde un bol d'eau. Il y a quelque chose ici. (?) I' va sortir de la piscine pis i' va aller vider le bol d'eau.*
>
> Sandrine : *C'est un petit garçon qui a trouvé un cylindre dans la rue, un cylindre à auto; pis là, son père a pas d'auto; pis lui, i' a une trottinette. Ça fait que là, i' met le cylindre sur sa trottinette, pis là, i' peut rouler comme une auto.*

Il semble que ces deux enfants manifestent déjà dès la première planche une épreuve de réalité déficiente. Ce déficit apparaîtra dans d'autres élaborations de leur part.

Commentaire sur l'ensemble des productions

Les sujets œdipiens peuvent d'abord reconnaître au garçon un état d'incapacité, mais ce qui est surtout caractéristique de leur réaction et de leur élaboration, c'est que cet état d'incapacité (ou encore de manque de motivation à jouer) est soit surmonté, soit en voie de l'être, et ce, d'une manière réaliste : quelqu'un va venir apprendre au sujet à jouer et il va en devenir capable ou, encore, on va venir le convaincre que c'est important de pratiquer et, dès lors, il va consentir à le faire, abandonnant sa position stationnaire, pensive.

Dans le cas, précisément, où la reconnaissance phallique n'a pu s'opérer de manière suffisante, le sujet va souvent présenter ce support identitaire aux prises avec une incapacité insurmontable (réaction dépressive, découragement, tristesse, etc.). Il importe de se rappeler que chez les sujets de ce niveau, l'affect dépressif est une tendance facilement activée en vertu de l'anxiété de perte d'objet ou d'abandon. Cette lutte contre la dépression, qui est de toute façon moins efficace et moins intense que chez l'adulte présentant une a-structuration limite, peut à l'occasion prendre une allure maniaque : apparaît alors la conception selon laquelle le jeune garçon va apprendre de lui-même pour devenir un virtuose d'une grande renommée ou faisant partie d'un grand orchestre. Il y a d'autres variantes produites par des sujets situés dans cette zone où la reconnaissance phallique n'a pu être réalisée de façon satisfaisante. Le violon peut alors être décrit comme brisé ou être présenté dans un état tel que son utilisation est plus ou moins empêchée pour le moment. Il se peut qu'une réparation ou une substitution puisse être réalisée. Dans un tel cas de figure, c'est la dépendance à l'autre (si caractéristique des anaclitiques) qui peut transparaître. Il est permis de croire que, dans ces cas, le violon brisé figure le soi atteint et blessé sur le plan narcissique (au niveau primaire ou secondaire[9]). Mais il importe de noter que ces sujets croient encore à un dénouement heureux de l'impasse dans laquelle ils se trouvent.

Les sujets situés plus en amont dans leur niveau de développement, donc plus près de la zone psychotique, ne croient pas à un tel dénouement précisément, ou en tout cas nettement moins fréquemment. Ce qui est surtout notable dans leur cas, c'est le sentiment d'étrangeté qu'ils soulèvent chez le clinicien par leur élaboration (et pas seulement devant cette planche, mais devant plusieurs autres). De façon générale, ils affichent un déficit en ce qui concerne l'épreuve de réalité.

Quelques données supplémentaires

Il y a un certain nombre d'enfants qui donnent à quelques planches de l'épreuve thématique des élaborations qui ne semblent pas cadrer avec celles qui sont normalement attendues des enfants présentant un mode de fonctionnement affectif du même ordre. Par exemple, ces élaborations peuvent

9 Nous proposons de distinguer ces deux niveaux de narcissisme de la façon suivante : le narcissisme primaire correspond à celui qui, grâce à des conditions favorables, est comblé dans la sous-période anaclitique médiane du développement normal, celle-ci s'étalant entre le début de la deuxième année et le milieu de la troisième (2 ans et demi); l'enfant y développe le sentiment d'être aimé par ses figures parentales, de compter pour elles, d'être protégé par elles. Le narcissisme secondaire correspond, pour sa part, au sentiment d'être considéré comme un grand, comme habile, comme efficace dans ce qui correspond aux activités propres à son âge. Il est normalement comblé à l'intérieur de la sous-période anaclitique phallique (entre 2 ans et demi et 3 ans, le plus souvent).

ressembler à certaines de celles qu'on retrouve dans la production de sujets d'un niveau plus bas. Pour cette première planche, ce phénomène se rencontre presque exclusivement chez les œdipiens. Dans notre échantillon comportant 23 sujets de ce mode de fonctionnement, l'un d'eux évoque percevoir de la tristesse chez le garçon, un deuxième, de la déception, un troisième, de l'ennui, et un quatrième voit le garçon en attente d'aide; quatre autres sujets ignorent manifestement la nature de l'instrument; trois autres voient le violon brisé (sans évoquer une réparation ultérieure par eux ou quelqu'un d'autre); enfin, deux autres sujets de même niveau élaborent un contenu sans tenir compte de la présence du violon; voici leur élaboration :

> Bruno : *C'est un petit garçon qui pense. Pis après son cours de maths, i' s'en va à sa case. À sa case, i' s'en va en éducation physique, i' prend ses choses. En éducation physique, i' se fait mal, i' se tord une cheville, i' s'en va à l'hôpital, pis deux mois après, tout va bien.*

> Philippe : *C'était un petit gars que lui y voulait aller à la pêche, pis son père y voulait pas, pis que là, le petit gars y bougonnait à sa table.*

Même si ces deux élaborations peuvent être lues comme laissant voir le désir d'une quête d'attention ou d'affection, on peut néanmoins leur reconnaître une signification compatible avec le mode de fonctionnement œdipien : par exemple, l'élaboration de Bruno pourrait illustrer chez ce garçon la présence de culpabilité (sentiment de devoir subir un châtiment pour avoir entretenu [ou pour entretenir] le projet d'évincer le père du cœur de la mère); quant à Philippe, il pourrait projeter dans la situation du garçon au violon son propre regret de ne pouvoir se mesurer au rival paternel ou encore il pourrait déplorer la perte d'une occasion d'être rassuré sur les bons sentiments de celui-ci à son endroit, sentiments exempts de toute idée de vengeance. C'est ce qui fait que nous ne les ferons pas entrer dans la même catégorie que les autres précédemment évoquées.

Comment rendre compte de la diversité observée dans la teneur des élaborations venant d'œdipiens? La planche de l'enfant au violon est la première à être présentée aux sujets qui sont soumis à l'épreuve. L'explication la plus probante à nos yeux est que plusieurs d'entre eux pourraient avoir besoin d'un temps d'adaptation pour produire avec aisance ou spontanéité et pour trouver du plaisir à réaliser la tâche demandée. Sans doute est-il utile de mentionner à ce propos à titre de comparaison que, dans une situation de jeu spontané, ce qui est produit dans les cinq ou six premières minutes n'est pas nécessairement déterminant pour la manifestation du mode de fonctionnement affectif de l'enfant. Il y a souvent chez celui-ci une certaine hésitation dans le choix des personnages et des actions à mettre en place, surtout en début de thérapie.

Planche 2 : la scène champêtre

La configuration de cette planche 2 invite le sujet faire montre de sa capacité d'organiser de manière triangulée les personnages qui y apparaissent. Notons que ceux-ci peuvent être vus comme n'étant pas très distants sur le plan générationnel. La femme à l'avant-scène est néanmoins généralement considérée comme le plus jeune des trois personnages (peut-être est-ce dû en partie à cause des livres qu'elle tient); il y a aussi que la femme adossée à l'arbre peut-être perçue comme étant enceinte. Notons également que les personnages ne se font pas face les uns aux autres, détail qui déjà peut orienter le sujet vers une lecture conflictuelle de la scène. Il en va de même de l'expression des deux femmes : une indifférence tranquille et peut-être même hautaine de la *femme enceinte* (yeux fermés et bras croisés), et l'air distrait, peut-être même songeur, de la *femme aux livres*. La physionomie de celle-ci peut également laisser croire à une hésitation sur la direction à emprunter, le regard prenant une orientation différente de celle du corps, comme si la jeune femme avait envie de dire ou de faire quelque chose avant de s'éloigner; est à tout le moins évidente et clairement affichée une difficulté de se détacher de la scène et de s'en éloigner. Le laboureur peut facilement être perçu comme l'enjeu d'une rivalité possible entre les deux femmes. Dans l'image, sa position est ambiguë : sa représentation est plus près de celle de la femme aux livres, mais en réalité sa position est au-delà du plan qu'occupe la femme enceinte, comme si cette dernière pouvait ainsi faire montre concrètement de sa prétention à posséder le cœur de cet homme, comme si elle voulait s'afficher tel un obstacle au possible désir de séduction ou de conquête de la femme aux livres à son endroit. Cette impression serait d'autant plus justifiée que les bâtiments (possiblement une maison et une grange, ainsi que leurs dépendances) apparaissent à l'arrière-plan : par sa position, la femme enceinte donne l'impression d'avoir suivi l'homme, *son* homme, dans les champs, pour « veiller au grain ».

En elle-même, par l'ensemble de ces éléments, la scène représentée peut susciter une élaboration à teneur triangulée, chez les garçons tout aussi bien que chez les filles. Encore faut-il que les sujets, garçons ou filles, soient dotés d'une dynamique psychique appropriée. On ne peut en effet que se surprendre, si l'on ne connaît pas l'importance de structuration de l'affectivité, qu'en dépit de la force des sollicitations œdipiennes reconnaissables objectivement dans la planche un si grand nombre de sujets soumis à l'épreuve réagissent comme si ces sollicitations n'avaient pas d'effet sur eux. Ponctuellement ou durablement, ces sujets ne sont manifestement pas capables d'« organiser la scène » en matière de relations conflictuelles entre les femmes pour un enjeu clairement posé, l'amour du laboureur. Plusieurs cas de figure sont possibles qui trahissent tous à leur manière l'état d'inachèvement du développement anté-œdipien et selon des degrés qui recoupent l'espace s'étendant du psychotique au phallique.

Élaborations produites par des sujets à fonctionnement œdipien

Bruno : *C'est une jeune fille qui s'en va étudier avec ses parents dans une ferme, parce que sa mère, c'est son professeur. Après le cours, elle s'en va faire du cheval, pis elle s'en va aider son père à labourer les champs de patates. Quelqu'un [venant] de nulle part tue son père.*

Dahlia : *Ici, c'était dans le temps, il y avaient des terres, pis un cheval. Le cheval s'était sauvé. Pis d'autres personnes l'ont retrouvé. Les personnes, i' voulaient pas lui redonner. Elle a eu de la peine.*

Klara : *C'est une ado qui aime beaucoup les chevaux; pis à un moment donné, faut qu'elle se débarrasse de ses chevaux; pis il y a un monsieur qui les amène à sa ferme, pis la ferme est trop loin. Ça fait qu'elle pleure, parce qu'elle va plus voir ses chevaux.*

Ces trois premières productions nous situent clairement dans le contexte d'un affrontement entre deux camps pour un enjeu. Dans la première production, le support identitaire est derrière la « jeune fille » qui va aider son père aux champs, père qu'elle aime passionnément; le personnage nommé comme « quelqu'un de nulle part » figure la mère rivale courroucée et animée d'un esprit vengeur. Dans la deuxième production, le support identitaire se trouve derrière le ou la propriétaire du cheval, ce dernier figurant le père aimé, et « les personnes » figurent la mère rivale. Dans la troisième production, l'affrontement se joue autour d'un enjeu clairement identifié (les chevaux, qui figurent le papa) et il met en présence le support identitaire (« l'ado ») et la figure maternelle rivale, qui se profile derrière le monsieur de la ferme « trop loin ». Cette fillette pourrait laisser entrevoir inconsciemment la rude épreuve du renoncement qui l'attend, de même que son désir de retarder celle-ci le plus longtemps possible.

Jacob : *C'est une madame qui a d'l'air à s'ennuyer, parce qu'en arrière d'elle, elle voit quelqu'un, un garçon, pis elle pense à son mari qui est décédé.*

Dans l'allégorie de Jacob, l'affrontement est plus discret, mais incontestable : le support identitaire (le garçon) pourrait fort bien rendre la maman heureuse et comblée si la figure rivale (le mari de la dame ou la figure paternelle du garçon) décédait.

Simone : *Il était une fois une jeune femme qui aimait bien lire sur des chevaux. Alors elle est allée à une bibliothèque. Elle avait trouvé une bibliothèque exprès pour les livres de chevaux. Elle lisait tous les livres sur les chevaux. Là, elle a décidé d'aller en acheter un. Alors, ce qui s'est passé, c'est que la madame faisait beaucoup de cheval, pis c'est comme ça qu'elle a appris à faire du cheval. C'est cool, des chevaux; j'aime les chevaux.*

L'investissement du cheval est fréquemment présent chez les filles œdipiennes. Il est en lien avec les sentiments affectueux qui visent la figure paternelle. Dans ce cas, il sert vraisemblablement à masquer ces sentiments par un jeu de déplacement (du père au cheval). Il importe de préciser en appui à cette hypothèse que Simone a perdu son père, qui, en état d'ivresse, s'est tué en jouant avec une carabine : père et fille avaient une passion commune, l'équitation.

Gaïa : *C'est une jeune dame qui allait à l'école et qui pensait à sa grand-mère qui était enceinte et elle la regardait tout le temps. Et elle pensait à son grand-père qui faisait toujours des courses de chevaux.*

Cette fillette tente de masquer ses sentiments de rivalité avec la figure maternelle et de désir de séduction à l'endroit du papa en soutenant qu'il s'agit d'une jeune dame en présence de sa grand-mère et de son grand-père. Les personnes figurant sur la planche sont néanmoins identifiées et structurées sur le plan relationnel. Gaïa ne précise pas si le regard de son support identitaire sur la figure maternelle est teinté d'envie. Rien n'interdit de le penser, compte tenu de ce qui apparaît dans d'autres allégories.

Élaborations produites par des sujets à fonctionnement anaclitique de haut niveau (phallique)

Justine : *La fille revient de la bibliothèque et va rejoindre ses amis [les deux autres personnages] pour faire des courses de chevaux. Mais avant, elle doit aller porter ses livres à la maison (?) Elle va faire une course de chevaux, après avoir été faire des exercices… pis elle va aller faire des courses, pis elle va gagner. (?) Ses amis la regardent.*

Charles : *Y a des personnes… un champ de cultivateur… y a un cheval… (?) Un cheval est soutenu par un monsieur. Pis une madame qui est en train de profiter du soleil pis une madame qui a l'air de s'en aller quelque part, comme dans une école.*

Kevin : *Sur l'image, il y a deux filles, deux femmes. Y a l'air à avoir un gars avec un cheval, un champ, des maisons. (?) D'après moi, le gars, i' est allé se chercher un cheval parce que dans le vieux temps, c'était les chevaux qui tiraient pour retourner la terre. D'après moi, i' faisait ça. La fille [la femme aux livres], elle passait par là et l'autre, elle regardait le beau temps. C'est ça.*

Chloée : *Tu vois qu'il y a des champs, des gens qui cultivent des légumes, une madame qui a un livre dans ses mains et une madame debout à côté d'un arbre. (?) Je le sais pas. Le monsieur a un cheval, pis i' peut aller cueillir des légumes. J'sais pas.*

Francis : *Il y a une fille qui regarde une madame enceinte. Et la fille, elle tient un livre dans ses mains. Pis il y a un garçon en arrière en bedaine, qui va mener son cheval en arrière dans la grange. (?) Ca finit que le cheval mange son bol de nourriture et boit. Il est heureux après.*

Dans aucune de ces élaborations, on ne peut retrouver une structuration relationnelle des personnages reconnus comme présents. On aura noté la préoccupation pour la compétition chez Justine et peut-être du désir d'être admirée (dans ce cas, de ses amis), un trait typique des phalliques, parce que, rappelons-le, ces sujets sont en quête d'un renflouement de leur narcissisme secondaire chancelant.

Élaborations produites par des sujets à fonctionnement anaclitique médian

Pénélope : *Elle s'en va à l'école. Ça ressemble à l'ancien temps un peu. Elle a l'air méchant, elle [celle près de l'arbre]. L'autre fille est son esclave.*

Sabine : *Le gars amène son cheval, promène son cheval. La fille [femme près de l'arbre], elle se met au soleil, elle se détend. Pis l'autre fille, elle a ses livres, elle regarde partout, le paysage. (?) A va peut-être se promener, elle [la femme aux livres]; elle [la femme adossée à l'arbre], elle va peut-être aller dormir; pis lui, i' va peut-être aller faire du cheval.*

Julia : *Je vois une madame qui profite du temps, accotée sur un arbre. Pis un monsieur qui fait travailler son cheval dans les champs. Je vois une madame avec des livres pis elle regarde le paysage.*

Simon : *(...) Ben, je vais prendre elle [la femme adossée à l'arbre], c'est plus facile. Elle regarde et elle pense. Le monsieur, i' travaille dans les champs avec son cheval et la fille en avant porte ses livres et pense. (À quoi?) Elle pense à sa maison en arrière qui est moins belle que celle des autres.*

On aura noté sans surprise qu'ici, également, il n'y a pas de structuration relationnelle des personnages présentés par la planche. Ceux-ci sont décrits comme juxtaposés, sans interaction entre eux, sauf chez Pénélope, la fille aux livres étant l'esclave de la dame près de l'arbre, une évocation possible du rapport affectif insatisfaisant de la fillette avec la figure maternelle. On peut également noter l'appauvrissement de la mentalisation chez les sujets de ce niveau, l'élaboration se limitant au contenu manifeste de la planche, avec, à l'occasion, évocation d'actions simples.

Élaborations produites par des sujets à fonctionnement anaclitique de bas niveau et par des sujets parapsychotiques

Mylène : *Une madame qui allait sur les chevaux pis il fallait qu'elle aille faire ses devoirs. Pis là après, elle va ressortir, pis a va jouer avec les chevaux.*

Thierry : *C'est une maman qui est enceinte, pis une autre maman qui lit des poésies. Pis à la fin, c'est un gars qui est en train de dresser un cheval.*

Vincent : *Il y a une, deux, trois, trois personnes, un cheval. Il y a une personne avec deux livres dans les mains; il y a un gars qui flatte un cheval pis il y a une fille. Elle regarde. (?) Pis euh… la fille lit ses livres; le gars fait du cheval; la fille embarque avec lui pour faire du cheval. Elle, elle s'en va dans la ferme pour lire. (?) Il a tombé en bas du cheval, les deux sont tombés; le cheval les a frappés avec son sabot.*

Il n'y a pas de structuration relationnelle ici encore, les personnages étant présentés comme juxtaposés dans la scène, sans interaction entre eux. Dans le premier cas, il y a une centration sur le personnage qui est vraisemblablement le support identitaire, avec insistance sur des préoccupations tout à fait propres à l'âge : faire ses devoirs pour aller jouer ensuite. La production du deuxième sujet s'appuie sur une lecture superficielle, rapide de ce qui apparaît sur la planche, ce qui lui donne un caractère franchement banal parce très (trop) évident. Toutefois, sa mention du « dressage » du cheval (celui-ci serait alors le support identitaire) pourrait laisser voir le type de méthodes éducatives strictes et peu affectueuses dont il aurait été l'objet. La production du troisième sujet démarre avec une description de l'action menée par chacun des personnages puis une activité coordonnée entre deux personnages prend place : la femme qui était adossée à l'arbre (généralement perçue comme une figure maternelle) embarque avec l'homme sur le cheval; ils tombent tous les deux et sont frappés par le cheval, ce qui laisse croire à la présence de sentiments violents chez ce garçon victime d'abus sexuel par un conjoint de la mère. L'agresseur et la mère, qui a failli à la tâche de protéger son fils, pourraient fort bien se profiler derrière les deux personnages objets de la violence du support identitaire (le cheval).

Quelques données supplémentaires

Il faut se garder de penser que l'absence de structuration relationnelle des personnages constitue une caractéristique permettant d'écarter l'hypothèse d'un fonctionnement œdipien. En fait, dans notre groupe de 26 œdipiens, si la majorité des sujets présentent effectivement cette structuration, ce n'est pas le cas du tiers d'entre eux. Il ne faut pas oublier que plusieurs autres planches vont fournir l'occasion de faire apparaître cette caractéristique. C'est notamment le cas des planches 4, 6BM, 6GF, 8BM, 9GF, 10 et 12BG.

Commentaire sur l'ensemble des productions

La nature fort diversifiée de l'utilisation du cheval d'un niveau à l'autre ne peut manquer d'étonner : cet animal peut servir à représenter l'amour du papa ou le papa lui-même chez les filles œdipiennes; il peut servir de support identitaire chez le sujet anaclitique de bas niveau ou chez le sujet parapsychotique.

Planche 3BM : le personnage affalé au pied d'une banquette

À l'origine, cette planche était destinée aux seuls sujets masculins. La délicatesse de la main, de la jambe et de la chaussure incite le plus souvent le sujet en évaluation à y reconnaître un personnage adulte de sexe féminin. Dans notre échantillon de 37 enfants de 9 à 15 ans, quatre sujets (soit 10,8 %) ont reconnu une personne de sexe masculin, deux autres ont hésité pour finalement y voir une fille; un dernier sujet n'a pas précisé le sexe de la personne. La reconnaissance d'un personnage masculin plutôt que féminin semble se rencontrer à tous les niveaux.

Quoi qu'il en soit, la posture de ce personnage dégage une impression de tristesse, d'affaissement, de découragement ou tout simplement de fatigue. Vient appuyer cette impression la présence au-delà de la jambe gauche du personnage d'un objet à la forme d'une arme de poing ou d'un objet contondant.

Les questions qui se posent en regard de cette planche sont les suivantes : Dans quelle mesure le sujet examiné va-t-il pouvoir saisir les caractéristiques dépressives du personnage ou la qualité négative de sa posture? Quelle direction va prendre l'élaboration : identification à ce personnage triste ou en mauvaise posture, ou constat de la figure maternelle fatiguée, affaiblie, déprimée, non disponible? Pourra-t-on dégager des différences parmi les sujets évalués en tenant compte de leur niveau de développement ou de leur mode de fonctionnement affectif?

Élaborations produites par des sujets à fonctionnement œdipien

> Jacob : *C'est une fille qui a de la peine. On dirait qu'elle s'est faite intimider à l'école. Elle est allée pleurer dans son coin. Pis ça finit que finalement, le soir, rendue chez elle, elle l'a dit à ses parents. Pis ses parents ont appelé la directrice, pis la directrice, elle l'a suspendu deux jours, celui qui l'avait intimidée.*

Jodie : *On dirait un lit avec une petite fille ou un petit garçon... une fille. Elle l'a l'air de pleurer ou de dormir. Pis on dirait qu'il y a un trousseau de clés à côté d'elle. (Pourquoi pleure-t-elle?) Parce qu'elle s'est faite intimider à l'école.*

Béatrice : *C'est une personne... un petit garçon qui est triste. Je sais pas ben ben c'est quoi l'image. (?) Je le sais pas, pourquoi il est triste (?) Ca va finir qu'i' va essayer de plus pleurer, pis d'aller faire autre chose.*

Didier : *C'est une personne qui est triste. (?) Parce que ses amis l'ont lâchée, i' sont partis. (?) Pis au fil du temps, elle va les retrouver.*

Bruno : *C'est une jeune fille après son cours d'éduc [éducation physique]. Elle a tellement travaillé fort qu'elle s'est évanouie.*

Klara : *C'est une petite fille qui faut qu'elle aille à ses cours de piscine, mais elle a trop peur de pas gagner; ça fait qu'elle pleure. Là, elle pense qu'elle va réussir, ça fait qu'elle va y aller. Pis elle se dit : « Si je réussis pas, c'est pas grave. »*

Ces six élaborations pourraient se rapporter à une situation vécue par le sujet ou constatée chez un pair de son environnement : intimidation à l'école, difficulté dans les relations sociales, fatigue consécutive à un effort et anxiété de performance. L'issue est très généralement positive, sauf chez Jodie, qui n'a cependant pas été invitée à la préciser. Il n'est pas à écarter que la situation source du chagrin ait été vécue par certains de ces sujets comme un événement punitif (castration), consécutif au désir de conquérir le parent aimé au détriment du parent rival. Au terme de notre analyse, ce nous semblera être le cas de Béatrice et de Bruno, notamment.

Lisiane : *On dirait une personne qui a beaucoup, beaucoup de peine. Elle est habillée comme Cendrillon, on dirait. Cendrillon, elle fait les choses qu'on lui dit. Ça fait que ça serait comme une femme de ménage qui est vraiment déçue. Mais je le sais vraiment pas pourquoi.*

Cette fillette s'est vraisemblablement identifiée à Cendrillon, injustement traitée par la figure maternelle. On peut la sentir pleine de compassion pour cette femme déçue de ce qui lui arrive, car elle se reconnaît en elle.

Renaud : *C'est une madame qui s'est évanouie devant une maison. Le monsieur sort dehors. Le monsieur dit à une personne qui passe sur le trottoir : « Allez appeler le 911, elle est tombée évanouie. » Le monsieur, il appelle; l'ambulance arrive; ils l'amènent à l'hôpital; dix jours plus tard, elle revient. (?) Elle est vivante.*

Bryan : *C'est quelqu'un qui pleure... c'est une madame qui s'était mariée... son mari lui faisait plein d'autres affaires dans son dos. I' buvait de la bière, tout le temps. Un moment donné, il était tellement saoul qu'il était parti de la maison, parce qu'il allait tout détruire et casser plein de chose. La madame, elle pleurait, pleurait tout le temps. Un moment donné, son mari est revenu, i' s'est excusé, i' a dit qu'i' referait plus jamais ça. Mais i' a recommencé. La madame était tellement triste qu'elle était partie en voyage. En voyage, elle s'était trouvé un autre monsieur pis i' était ben gentil pis i' se sont mariés.*

Il est facile de relier ces deux productions à un fonctionnement œdipien. Le support identitaire de Renaud serait l'une ou l'autre des personnes qui vont au secours de cette femme évanouie, les œdipiens étant toujours soucieux de montrer qu'ils ont ce qu'il faut pour occuper la place du mari ou de la figure paternelle protectrice. Quant à Bryan, il dépeint le sort que la figure maternelle est susceptible de connaître ou a connu avec le rival paternel; il se profile lui-même derrière le monsieur bien gentil que la maman va rencontrer et avec lequel elle va se marier.

Élaborations produites par des sujets à fonctionnement anaclitique de haut niveau (phallique)

> Charles : *Un petit garçon. Je suis pas trop sûr si i' est mort ou endormi… mais d'après moi, i' s'est endormi à terre, accoté sur son divan. (?) Ça va finir qu'i' va se réveiller pis i' va avoir mal à cause qu'i' était mal positionné pour dormir.*

> Kevin : *C'est quoi ça? D'après moi, c'est quelqu'un qui a rien à faire, qui soupire, i' s'est écrasé dans le banc; (?) i' s'est endormi.*

Le personnage représenté est utilisé comme support identitaire. L'inconfort que lui reconnaît Charles est l'expression symbolique de son propre malaise qui envahit totalement sa vie. Kevin exprime quant à lui son envie de fuir le même sentiment d'inconfort.

> Chloée : *On dirait une madame qui est triste, qui pleure. On dirait qu'elle pleure sur un banc. (Pourquoi elle pleure?) Je le sais pas. (?) Ca se terminerait qu'elle va être contente ou heureuse.*

Nous ferons l'hypothèse que Chloée utilise ce personnage comme support identitaire et que, comme celui-ci, elle souhaite qu'on la comble sur le plan narcissique.

Francis : *Y a un garçon qui met sa tête sur un banc. On dirait qu'i' se décourage. Pis i' a échappé ses clés à terre. I' est assis à terre. I' allait pratiquer son sport préféré. I' a perdu la partie à cause que i' s'est fait mal à la cheville.*

Cette défaite atteint le support identitaire, car, dans la vie réelle de Francis, elle constituerait une occasion manquée de renflouer le narcissisme phallique en difficulté.

Élaborations produites par des sujets à fonctionnement anaclitique médian

Marjorie : *Un garçon qui pleure. Pis après ça, i' va s'en remettre. (Pourquoi il pleure?) Je le sais pas.* +++ *Il a perdu son animal.*

Marilou : *Ok. La femme de Jean est allée à l'hôpital parce qu'elle avait une grippe qui ne guérissait pas. Après douze heures à attendre, elle commençait à trouver le temps long. Après vingt-quatre heures d'attente, elle était vraiment tannée. Plus les heures passaient, plus elle était fatiguée. Après un certain laps de temps, elle était si fatiguée qu'elle s'endormit sur le banc d'attente et ainsi, elle n'entendit pas son nom [quand on l'appela]. Donc, elle n'a jamais pu recevoir sa prescription pour la grippe.*

Mégane : *Quelqu'un qui pleure. Parce qu'elle peut pas écouter la télé. Pis parce qu'elle pleure trop, elle a pu écouter la télé.*

Régine : *Une femme qui est désespérée, qui a perdu ses clés. (Pourquoi est-elle désespérée?) Elle est désespérée de ne pas trouver son garçon sur le banc. À la fin, son garçon… il y a quelqu'un qui a mis sa main sur son épaule. Elle se demande c'est quoi. Elle se retourne pis elle voit que c'est son garçon, pis elle l'embrasse.*

La première élaboration fait référence à une expérience de perte d'un objet aimé, peut-être une figuration symbolique de la perte du sentiment d'être suffisamment aimée par la mère (après la naissance de la sœur cadette). Les trois élaborations suivantes vont dans la même direction : privation de soins pour Marilou et privation de « télé » pour Mégane. Le support identitaire de cette dernière réussit à se faire entendre en pleurant « trop », ce qui laisse voir l'intensité de la quête d'affection. Régine, quant à elle, évoque une double perte, celle des clés et, ensuite, celle d'un enfant. Tant les clés que l'enfant seront retrouvés. Dans cette production, l'objet perdu est, nous semble-t-il, le support identitaire lui-même : Régine souhaiterait ardemment obtenir davantage d'affection de la part de la figure maternelle.

Charline : *Waow! On dirait qu'elle a un couteau. C'est une madame qui est pauvre; elle vit dans la forêt, pis elle avait eu l'idée de se tuer, parce qu'elle était pauvre. Mais, par exemple, elle avait pas de couteau. Elle a demandé à un monsieur s'i' avait un couteau. I' a dit non. I' est parti. Ça fait qu'à la fin, elle a retrouvé ses esprits pis elle a trouvé une maison.*

Sabine : *La personne, elle pleure. Elle va peut-être demander à quelqu'un de l'aider. Peut-être que quelqu'un va venir la voir, pis … elle sera mieux.*

La revendication affective est très présente dans ces deux élaborations. La production de Charline laisse voir la présence de sentiments abandonniques (pauvreté de l'affection reçue) et d'idées suicidaires. Finalement, le support identitaire reçoit l'aide souhaitée pour retrouver son calme intérieur et l'amour perdu de la figure maternelle (« pis elle a trouvé une maison »). L'espoir d'un investissement de la part de la figure maternelle se profile également derrière la fin possible de la situation évoquée par Sabine.

> Pascal : *Je vois rien. C'est trop mal fait. C'est une femme qui pleure sur un coussin. (?) Parce qu'elle s'est fait mal.*

Pascal répète ici ce qu'il a fait devant la planche 1 : pas du tout motivé à accomplir une tâche qui lui demande un certain effort, il dévalorise la scène présentée et se limite à donner une allégorie minimaliste.

Élaborations produites par des sujets à fonctionnement anaclitique de bas niveau et par des sujets parapsychotiques

> Sandrine : *C'est un garçon qui joue au hockey. Là, i' avait ses patins dans son sac, pis son sac, i' l'avait laissé sur le banc, Pis là, i' était allé voir ses amis. Quand i' est revenu, i' avait pu ses patins en dessous du banc. I' se demande ce qu'il va faire, parce que sans ses patins, i' peut pas jouer au hockey. Pis là, ses amis, i' lui proposent d'utiliser les anciennes lames de ses vieux patins pis de prendre ses nouvelles chaussures. Là, i' a faite un trou dedans, i' a mis les lames dedans, i' les a collées, i' a attendu une ou deux heures; c'est qu'il avait tout le temps pour jouer au hockey, pis ça a marché, pis i' a pu jouer au hockey.*

Thierry : *Quelqu'un est triste ou évanoui. (?) Qui s'est fait frapper par un char. I' a revolé jusqu'autre bout du monde. On dirait qu'i' est mort.*

Vincent : *Un petit garçon qui pleure. I' était assis de même; i' pleure, pis i' fait pas grand-chose (?) I' pleure dans son cœur en dormant (Pourquoi?) I' est triste parce que ses parents sont partis en voyage, son chien est mort, toute, i' pense à tout ça. (?) I' reviennent, sa mère pis son père; i' saute dans les bras de son père; son père perd conscience et i' tombe à terre.*

Ce qui est particulier dans l'élaboration de Sandrine, c'est le caractère irréaliste du moyen évoqué pour résoudre la situation problématique. Au sujet de la production de Thierry, il est permis de penser que c'est la figure maternelle qui est objet de violence, une hypothèse que permettront d'étayer les élaborations données en 5 et en 6BM. Dans la production de Vincent, il y a insistance sur la gravité de la situation et sur le caractère aigu de la détresse. Le père absent revient, le support identitaire saute dans ses bras; l'aide attendue et reçue s'avère cependant défaillante et la situation évoquée se termine sur une chute.

Commentaire sur l'ensemble des productions

Le pouvoir discriminant de cette planche peut paraître quelque peu restreint si l'on se limite à vouloir vérifier si le sujet en évaluation est capable ou non de reconnaître la présence d'affects de tristesse ou de dépression. De façon générale, de quelque niveau qu'ils soient, sauf exception, les enfants reconnaissent la teneur dramatique du contenu de la planche. Est-ce à dire que cette planche suscite peu de données utiles pour la compréhension de la dynamique? Une analyse fine des productions permet de dégager dans chaque cas un sens qui, d'une manière ou d'une autre, peut être relié au mode de fonctionnement affectif du sujet et venir en confirmer la présence. Un autre argument plaide en faveur de la valeur diagnostique de cette planche : la possibilité de reconnaître une position de victime au personnage et de s'identifier à lui fait en sorte que ceux qui sont l'objet d'abus peuvent trouver dans cette planche l'occasion d'évoquer symboliquement l'expérience en cours ou vécue antérieurement. Nous l'avons constaté ci-dessus chez ceux qui peuvent avoir été victimes d'intimidation. Nous pouvons aussi le constater chez ceux qui ont été victimes d'abus sexuels. D'autres planches peuvent également servir d'occasion à des quasi-confidences de cette nature, notamment les planches 6GF, 11 et 12BG (sans compter 13MF, que nous ne présenterons pas ici puisqu'elle n'est pas utilisée auprès des enfants).

Planche 4 : le couple en discorde

À l'instar de la scène champêtre (en 2), cette planche présente des éléments qui peuvent solliciter une élaboration triangulée. Ici encore, trois personnages sont représentés : un couple à l'avant-plan et une femme légèrement vêtue à l'arrière-plan, peut-être assise dans une pièce attenante ou simplement représentée sur une toile ou une affiche. La gestuelle des personnages à l'avant-plan (attitude suppliante avec regard neutre de la femme, tête détournée de l'homme, qui laisse transparaître un état de distraction ou le désir de s'éloigner, son expression neutre ou d'indifférence [à la demande]) peut faire soupçonner l'existence d'un conflit entre eux et la présence de la représentation de la femme courtement vêtue tout près de la tête de l'homme (« il l'a dans la tête ») suggère que celle-ci pourrait être la source de la mésentente. Les sujets œdipiens n'hésitent généralement pas à reconnaître le contenu conflictuel suggéré par cette planche. Les filles de ce mode de fonctionnement se projettent facilement dans l'un ou l'autre des deux personnages féminins, soit celui qui veut retenir l'homme, soit celui qui pourrait sembler vouloir l'« attirer ».

Élaborations produites par des sujets à fonctionnement œdipien

> Gaïa : *Il y a une jeune dame qui dit à son père : « Mais pourquoi ne viens-tu pas danser? » (Qu'est-ce qu'il va arriver?) Voyons! Il y avait une jolie dame là-bas pour aller danser.*

Dans cette production, Gaïa évoque un affrontement entre deux dames pour un enjeu, l'affection ou l'attention de la figure masculine, celle-ci étant clairement identifiée comme le père de la jeune dame. Il nous paraît de ce fait évident que cette « jeune dame » (à l'avant-plan) est le support identitaire. Gaïa se désole de constater que son papa ne donne pas résonance à ses sentiments amoureux et qu'il réserve les siens propres à la figure rivale, la maman.

> Kathleen : *C'était une fois, i' était... il y avait une madame qui s'appelait Nathalie, pis son mari, i' s'appelait Jasmin. Pis là, i' dansaient. Le monsieur a vu une autre madame.*

Nathalie était là; elle disait : « Ben non, qu'est-ce que tu fais? Reste ici. » Son mari s'est en allé. La madame était très, très triste parce que son mari est parti. Pis c'est ça; son mari est jamais revenu.

Dans l'affrontement évoqué par Kathleen, le support identitaire correspond à celle qu'elle appelle « l'autre madame ». Cette fillette manifeste une forte culpabilité d'être habitée par ce désir d'usurper la place de la mère dans le cœur de son père.

Béatrice *: C'est deux personnes, un gars pis une fille, que la fille veut être avec ce garçon, mais le garçon faut qu'i' s'occupe… ben i' regarde d'autres personnes… pis là, la fille va s'en aller pendant que lui, i' regarde les autres.*

Béatrice semble vivre avec difficulté que son papa (« le gars ») ne donne pas une résonance suffisante à ses sentiments amoureux : elle se profile elle-même derrière cette fille qui voudrait bien être avec ce garçon (la figure paternelle aimée); elle évoque le fait que son père regarde les autres (figuration de la rivale maternelle). Le désir de conquérir le papa est donc toujours actif.

Joanie : *C'est un couple qui s'en allait en voyage. Le nom à la madame, c'était Julie et le nom du monsieur, c'était Jean. Et là, dans l'avion, Jean il a rencontré une madame et il parlait beaucoup avec elle et Julie, elle, elle était jalouse, et là, elle voulait pas que Jean parle avec la madame. Donc, Jean lui a expliqué que c'était juste une amie mais rendu en voyage, Jean s'occupait plus de Julie. Il restait tout le temps avec la madame qui s'appelait Marie. Un moment donné, il s'est chicané avec Julie. Alors, un jour, Jean est devenu l'amoureux de Marie et*

Julie, elle, elle était triste parce qu'elle aimait beaucoup Jean. Là, un moment donné, Marie a rencontré Julie puis Marie, elle était méchante avec Julie. Et quand Jean les a vues et qu'il a vu que Marie était méchante avec Julie, il était plus l'amoureux de Marie et il s'est marié avec Julie et ils vécurent heureux jusqu'à la fin.

Le support identitaire de Joanie est Julie; la figure paternelle se profile derrière Jean; quant à la figure maternelle rivale, elle est représentée par Marie. Julie l'emporte dans la course pour le cœur du père après une série de situations qui laissaient croire le contraire. Il est intéressant de constater qu'à un moment donné, il y avait un ménage à trois. La vie étant devenue impossible entre les deux femmes, la figure paternelle s'est résolue de revenir à la situation initiale, s'écartant du même coup de la figure de la mère.

Klara : *C'est deux parents qu'i' faut qu'i' se séparent, mais la mère veut pas, pis le gars veut, mais les enfants sont tristes. (?) I' vont pas se séparer.*

Dans le cas de Klara, l'interprétation emprunte la direction suivante : le support identitaire est représenté par les enfants tristes de la séparation qui pourrait se produire entre les parents, ce qui signifierait le départ du papa de la maison et sa mise à distance du support identitaire. Comme c'est ce qui est arrivé dans la vie réelle de l'enfant, on peut supposer que Klara exprime ici le désir que cet événement ne se soit pas produit et qu'elle puisse toujours profiter de la proximité de son père.

Joran : *C'est une fille pis un garçon qui sortaient ensemble devant la porte d'une maison. La maison d'une fille qu'on voit, qui est assis sur son lit [Joran affiche un air gêné]... je sais pas comment dire... joyeuse, pis méchante, genre... Elle prépare un coup. Alors elle a un sourire mais ses yeux sont méchants (?) Son coup, c'est pour les séparer pis profiter du gars.*

Les parents de Joran sont également séparés. Nous faisons l'hypothèse que ce garçon se sent très coupable de cette séparation : de son point de vue, celle-ci se serait produite parce qu'il l'a souhaitée plus ou moins consciemment. Ce garçon pourrait fort bien se profiler derrière cette « fille méchante qui prépare un coup » (à l'arrière sur le côté gauche) pour séparer le couple et profiter du gars. Il se pourrait également qu'il mette en scène cette fille mal intentionnée pour masquer sa responsabilité ou pour se déresponsabiliser de la séparation des parents.

Jean-Benoît : *Un jour, un monsieur, qui était amoureux avec une femme, ne voulait pas lui donner de bec. Alors, la femme décida de s'en séparer. L'homme n'était pas très content. (?) Ca finit que lui aussi i' se trouve une autre blonde.*

Jean-Benoît ne semble pas apparaître directement dans la production qu'il donne face à cette planche. Il livre cependant un contenu qui témoigne de son désir de voir ses parents se séparer pour hériter de la place du père dans le cœur de sa mère. Il prend soin d'exprimer son désir que son père puisse se remettre de cette épreuve (« il se trouve une autre blonde »), ce qui lui permet de soulager sa culpabilité.

Élaborations produites par des sujets à fonctionnement anaclitique de haut niveau (phallique)

Charles : *On dirait James Bond. Y a une madame qui est en train de tenir un monsieur pis le monsieur on dirait qu'i' a l'air à ignorer la madame, pis à la fin, la madame, elle l'a lâché à cause qu'il l'ignorait tout le temps.*

Kevin : *Le monsieur, i' voulait s'en aller, mais la fille, elle, elle voulait pas. Elle voulait qu'i' reste avec elle, mais i' avait quelque chose de tellement important qu'i' s'est en allé. (Quelque chose d'important?) Fallait qu'i' retourne à son usine parce que il y avait un dégât.*

Chloée : *C'est un monsieur, on dirait que la madame essaie de le convaincre de quelque chose, mais je sais pas quoi. (?) Le monsieur va la suivre, je sais pas. (?) I' va la suivre dehors.*

Ces allégories collent d'assez près au contenu suggéré par la planche. Il faut noter de la part de Charles la mention du fait que la madame était tout le temps ignorée par le monsieur, fait qu'il est permis de mettre en lien avec le propre sentiment de déconsidération vécu dans sa relation avec son père. Il faut noter que Kevin manifeste sa déception de voir la figure paternelle si peu présente, retenue qu'elle est par les exigences de son travail. Chloée, quant à elle, exprime le souhait d'être entendue et comprise par la figure paternelle.

Mélissa : *C'est deux adultes qui regardent leurs enfants en train de jouer. Pis i' se disent qu'i' aimeraient ça être jeunes comme eux.*

Doutant de pouvoir éventuellement accéder au statut de grande, Mélissa accorde aux grands la nostalgie du temps où ils étaient petits.

Élaborations produites par des sujets à fonctionnement anaclitique médian

Maude : *C'est une madame et un monsieur. Là, il y a un autre monsieur qui agace la madame, pis là, ben le monsieur, i' a envie d'aller lui dire d'arrêter, pis ça finit qu'i' arrête.*

Régine : *Une femme qui essaie d'empêcher son mari de fesser quelqu'un. À la fin, elle réussit. On voit la colère dans les yeux du mari.*

Maude imagine une situation comparable à celle d'un enfant qui importune les parents et qu'il faut rappeler à l'ordre. C'est le même thème qui est abordé par Régine : ici, c'est l'agressivité du mari qui est contenue.

Simon : *On dirait que la femme, elle essaie de le retenir pis que lui, i' veut aller quelque part. (Où veut-il aller?) Quelqu'un aurait volé son char pis i' voudrait aller le chercher. (?) I' va finir par y aller.*

Simon place son support identitaire dans le rôle de quelqu'un qui a été dépossédé et qui voudrait se réapproprier ce qu'il estime devoir lui revenir de plein droit. Cette allégorie évoque la présence chez ce garçon du sentiment d'une perte d'affection et le désir de voir comblée sa revendication affective, un état d'esprit typique lui aussi des anaclitiques médians.

Élaborations produites par des sujets à fonctionnement anaclitique de bas niveau et par des sujets parapsychotiques

> Sandrine : *C'est une maman qui avait adopté un enfant pis son mari, vu qu'i' était parti dans un autre village pour aller travailler pour avoir de l'argent, parce que eux autres, i' étaient un peu pauvres. Pis là, quand i' est revenu de toutes ses longues journées de travail, l'enfant était toujours là, pis la mère aimait l'enfant, mais le père s'en souvenait plus qu'i' avait adopté l'enfant, pis i' était méchant avec l'enfant. Pis là, la mère a été obligée de lui expliquer qu'elle l'avait adopté, pis le père, i' est parti encore; la mère a gardé l'enfant, parce qu'en vérité, c'était sa tante parce que ses vrais, vrais parents, i' l'avaient donné à sa tante, parce que eux autres, ils étaient partis loin.*

Évocation d'une situation d'abandon, de non-reconnaissance et d'éloignement de la part de la figure paternelle à l'endroit du support identitaire. On peut constater le clivage sur le plan des figures parentales : un volet rejetant, mauvais, persécuteur, qui est celui du père, et un volet « bonne » mère correspondant à la mère adoptive aimante.

Commentaire sur l'ensemble des productions

Comme cette planche présente trois personnages, on ne peut être surpris de constater une grande diversité au niveau du choix du support identitaire d'un sujet à l'autre ou d'un mode de fonctionnement à l'autre. Chez les œdipiens, ce support peut être la femme à l'arrière ou la femme à l'avant-plan; il peut également correspondre à un sujet ou un groupe de sujets non présents dans la planche (p. ex. les enfants tristes du couple en discorde). Les phalliques, de leur côté, se reconnaissent dans la femme « ignorée », sise à l'avant-plan; elle serait méprisée, privée de l'attention de l'homme. Les médians peuvent voir cette même femme comme dépossédée.

Planche 5 : la femme dans l'embrasure de la porte

Le regard se fixe tout naturellement sur le personnage féminin qui vient d'ouvrir la porte d'une pièce dans laquelle le sujet est invité à se situer (sur le plan imaginaire) pour élaborer un contenu; cette pièce se présente comme une salle à manger en raison de la table avec pot de fleurs et le meuble de type buffet qui s'y trouvent. Le personnage féminin est adulte, ce qui n'empêche pas les fillettes de l'utiliser comme support identitaire, pas plus d'ailleurs que les garçons de niveau anté-œdipien, chez qui la prise en compte des caractéristiques sexuées n'est pas un fait coutumier. Considérons un instant la physionomie de cette femme. L'expression du visage est relativement neutre. C'est surtout la gestuelle et la position du corps qui peuvent donner à ce personnage une allure inquisitrice, de recherche ou de vérification (comme pour se rassurer). Le caractère relativement indéterminé de l'expression faciale dégage un espace projectif dont l'utilisation par le sujet en évaluation peut en principe être particulièrement révélatrice de tout un pan de sa dynamique psychique : la nature de la relation à la mère, bien sûr, et surtout le style de présence que cette dernière s'est trouvée ou se trouve à maintenir dans sa relation avec lui, dans la réalité ou dans son imaginaire. Quand le personnage est utilisé comme support identitaire, ce sont les désirs du sujet lui-même ou encore le type ou le fondement de son anxiété qui sont projetés sur lui.

Élaborations produites par des sujets à fonctionnement œdipien

Klara : *C'est une grand-mère qu'i' faut qu'elle vende sa maison parce qu'elle est rendue trop vieille. Elle va aller habiter avec ses enfants. Elle veut pas laisser sa maison; elle veut amener ses meubles. Mais il y a plus de place; elle va les laisser là, pis elle amène quelques affaires, mais elle amène pas tout, pis elle est triste de laisser sa maison.*

Dahlia : *C'est dans l'ancien temps. C'est une mamie. C'est quelqu'un qui habitait dans une maison, pis elle était obligée de déménager. Elle est allée visiter une maison à vendre. Mais elle a eu de la peine, parce qu'elle était trop cher, pis elle, elle la voulait parce qu'elle lui rappelait des souvenirs.*

Il se peut que le souvenir d'une grand-maman qui doit ou a dû déménager soit réactivé par ce que suggère cette planche. Le récit témoigne dans les deux cas d'une capacité d'attention aux sentiments de la figure grand-maternelle.

Béatrice : *Une fille qui entre dans sa maison. Pis là, i' voit une personne dans sa maison qu'elle connaît pas. Elle va s'asseoir à table avec lui pis i' vont parler. Pis après avoir parlé, le garçon va aller chez lui. (Que lui a-t-elle demandé?) S'i' veut aller au bal avec elle, je sais pas. I' sont devenus amis.*

Cette fillette prend la femme figurant sur la planche comme support identitaire. Elle la désigne par le terme

« fille ». On peut penser que le garçon représente la figure paternelle aimée dont elle souhaiterait ardemment être l'amoureuse. Il ne faut pas se tromper sur l'identité du garçon au sujet duquel Béatrice affirme qu'il est inconnu de la fille : on sait que sur le plan inconscient les contraires s'équivalent. Ici, il est clair que la fillette cherche à garder secrète sa flamme pour la figure paternelle. Notons que « le garçon va aller chez lui », ce qui confirme l'hypothèse émise à propos de l'élaboration donnée devant la planche précédente que cette figure est perçue comme pouvant ne pas répondre à sa quête amoureuse.

> Joanie : *C'était une madame qui s'appelait Belle et elle se cherchait une maison pour vivre. Pis elle arrivait pas à en trouver, mais tout d'un coup elle a trouvé une très belle grande maison, mais elle coûtait très cher, la maison, et Belle, elle avait pas beaucoup d'argent. Alors, elle a réservé la maison et elle a essayé d'économiser. Et là, elle a eu beaucoup d'argent et encore plus d'argent et encore plus d'argent jusqu'à ce qu'elle ait assez d'argent pour acheter sa maison et là, elle a acheté sa maison, elle s'est trouvé un mari et elle a eu des enfants dans sa belle grande maison.*

À la lumière du destin qu'elle donne à son support identitaire, Joanie entend faire preuve de patience et de ténacité. « Viendra le jour, souhaite-t-elle, où je serai sur le même pied que maman; j'aurai alors ma maison et je convaincrai papa d'être mon amoureux et nous aurons des enfants. »

> Renaud : *C'est une maman qui est à la maison, qui va « checker » son enfant jouer, pour pas qu'elle fasse des*

conneries. Quelques secondes plus tard, la petite fille fait beaucoup de conneries pis sa mère la chicane. Elle l'envoie dans sa chambre. Pis la mère vient lui dire : « Tu peux sortir de ta chambre. » La petite fille s'excuse à sa maman.

Dans la production de Renaud, la figure maternelle surveille le support identitaire, le surprend en train de faire des bêtises et le met en punition. C'est une production assez typique du garçon œdipien qui se sent coupable de son dessein de conquête de la mère. Notons sa démarche spontanée d'excuse.

Guillaume : ++ *Ça a d'l'air d'une voleuse, qui va rentrer dans une maison inconnue. (?) Pis à va aller voler des objets et des livres.*

Le thème proposé par Guillaume n'est sans doute pas sans rapport avec l'arrivée du conjoint de la mère dans le milieu familial, arrivée qui a rendu nettement plus problématique et plus qu'incertaine la réalisation du désir d'être ou de rester l'amoureux de la maman.

Camille : *Il était une fois une madame qui pensait qu'il y avait un voleur dans sa maison. Elle a ouvert la porte, mais il n'y avait rien. (?) Elle avait entendu du bruit : un vase qui était tombé.*

Laure : *Il était une fois une femme qui rentrait dans un salon; en ouvrant la porte, elle entendait des bruits, mais ça ne venait pas de la cuisine. Elle vit un pot de fleurs déposé sur une table; la femme ferma la porte et s'en alla se coucher. Fin.*

Il est possible que ces deux élaborations également témoignent de l'intensité du conflit œdipien : la

« madame » de Camille et la « femme » de Laure nous paraissent être le support identitaire de chacune de ces filles. Le voleur pourrait représenter la figure maternelle rivale dans l'allégorie de Camille. Le pot de fleurs remarqué par Laure pourrait être le cadeau qu'elle souhaite recevoir de la figure paternelle : la réception de ce don (le cœur du père) lui permettrait de dormir rassurée.

Élaborations produites par des sujets à fonctionnement anaclitique de haut niveau (phallique)

> Chloée : *C'est une madame, on dirait qu'elle a oublié quelque chose dans son salon ou dans sa cuisine, pis elle le cherche. (?) Son livre. (?) Elle retrouve son livre.*
>
> Fabien : *C'est une madame qui rentre chez elle, elle ouvre la porte de la cuisine, pis là, elle regarde ses plantes. (?) Je sais pas. Pis elle est joyeuse.*

Ces deux élaborations n'offrent à première vue rien qui trahirait le mode phallique de leur auteur. Pourtant, si on les lit en tenant pour acquis que la madame est utilisée comme support de la figure maternelle, on pourrait détecter chez Chloée et chez Fabien le souhait que soient comblées les attentes de la mère (à l'endroit du soi du sujet). Il n'est pas à écarter que le personnage soit utilisé comme support identitaire dans les deux cas : Chloée pourrait exprimer son souhait de retrouver ce qui lui fait défaut (figuration de son estime d'elle-même perdue) et Fabien, celui de retrouver le bien-être intérieur.

Kevin : *Y a une fille qui regarde s'il y a pas un voleur qui a cassé quelque chose. Elle voit son vase cassé, avec sa lampe à terre, pis ses livres sont tous grafignés. Tout est « pété », là. Elle ferme la porte après, pis elle a d'l'air choquée, pis c'est ça.*

Justine : *La grand-maman regarde si la lampe de sa mère est encore usée. Elle va aller la faire réparer; elle regarde aussi si son pot de fleurs est usé. Elle regarde et les choses qui sont usées, c'est la lampe, le mur, la porte; pis après, elle dit : « Je pars de cette pièce pour éteindre ma lumière, vu qu'elle est déjà assez usée. »*

Chez Kevin et Justine, c'est plutôt le constat d'une mère insatisfaite qui émerge. Il est permis de penser que ce sont les actions et attitudes de leur soi qui sont représentées par l'état détérioré des biens de la figure maternelle et source de son insatisfaction.

Élaborations produites par des sujets à fonctionnement anaclitique médian

Léandre : *Une personne rentre dans sa maison et trouve un bouquet de fleurs sur sa table. Elle se demande qui [le] lui a donné (?) Une de ses amies lui avait donné cela.*

Nicolas : *C'est quoi, ça? Une madame qui regarde si tout va bien dans sa pièce et elle voit que tout va bien, parce qu'elle avait entendu du bruit.*

Mégane : Une femme qui regarde dans une salle si elle s'est faite voler pis elle s'est faite voler. (?) Un divan, non une télé plasma.

Jacob : *C'est une femme qui ouvre une porte et qui voit un beau salon avec des fleurs, des livres, une belle table, une lampe, une armoire. (?) Elle va s'installer là. (?) Elle est heureuse de vivre dans sa maison.*

Maude : *C'est une madame; elle dormait, pis là, elle s'est endormie, pis là, elle a entendu du bruit pis elle s'est réveillée pis elle a vu son chat qui a cassé quelque chose. (?) Elle va aller le ramasser pis mettre son chat dehors.*

Régine : *Une femme qui cherche son mari. Pis elle découvre qu'i' est mort. Fait que là, elle est prise de panique. Elle appelle la police, mais après ça, elle découvre qu'i' faisait juste dormir.*

Il y a fort à parier que, dans ces élaborations, le personnage qui apparaît dans l'image est utilisé comme support identitaire, par les garçons comme par les filles. Léandre affiche son désir d'être comblé affectivement. L'anxiété de perte, caractéristique d'un sujet en mode anaclitique médian, apparaît dans les productions de Nicolas, de Mégane, de Maude et de Régine.

Sabine : *La grand-mère, elle regarde si sa petite enfant va bien. Elle va bien, la petite, petite. Elle dormait. Pis là, la grand-mère, elle ferme la porte pis elle va lire.*

Quant à l'élaboration de Sabine, elle traduit son désir d'obtenir l'attention soutenue de la figure maternelle : il lui est si douloureux de devoir partager cette attention et cette affection maternelles avec la sœur cadette.

Élaborations produites par des sujets à fonctionnement anaclitique de bas niveau et par des sujets parapsychotiques

Mylène : *C'est une madame qui a perdu quelque chose pis là, elle le cherche. Pis elle regarde partout. (?) Ben, elle va le retrouver, pis elle va jouer avec.*

On notera au sujet de cette production que la madame est vraisemblablement soit un support identitaire qui a perdu quelque chose de précieux (l'attention et l'affection de la mère), soit la figure maternelle qui s'est éloignée de son enfant (le support identitaire) et qui le retrouve puis joue avec lui; selon cette dernière hypothèse, Mylène manifesterait ainsi son désir d'être investie par sa mère.

Sandrine : *C'est une maman qui trouve un enfant dans la rue pis elle la ramène chez elle, pis après elle le met dans sa chambre, pis la fenêtre était débarrée. Là, l'enfant, i' se dit qu'i' est pas chez lui, pis que la mère, elle lui donnait beaucoup trop à manger. Lui, i' trouvait que c'était beaucoup trop, parce que lui, i' voulait juste un père pour pouvoir faire plein d'aventures. Là, i' s'est sauvé par la fenêtre pis quand la madame est rentrée dans sa chambre, elle s'est mise à pleurer, parce qu'elle avait jamais eu d'enfant, parce que son mari était mort à la guerre.*

Dans l'élaboration de Sandrine, c'est le caractère inadéquat de la figue maternelle qui ressort, accompagné de l'expression du désir d'une figure (paternelle) réparatrice.

Thierry : *C'est une maman qui regarde dans sa chambre. Elle voit quelque chose, mais elle sait pas c'est quoi. Et c'était un bocal de verre avec un fantôme dessus avec des fleurs. (?) Elle va avoir peur.*

Thierry évoque la présence d'un personnage malveillant qui provoque la peur chez la mère; se pourrait-il que ce soit pour ce garçon une façon de manifester sa violence à l'endroit de la figure maternelle?

Commentaire sur l'ensemble des productions

Quand le sujet en évaluation, garçon ou fille, utilise une appellation autre que « maman » ou « grand-maman » pour désigner le personnage apparaissant sur cette planche, il y a fort à parier que celui-ci est utilisé comme support identitaire. Une fois que ce repérage est fait, il devient relativement facile de mettre en relation le sens latent de l'élaboration avec le mode de fonctionnement affiché par le sujet dans le jeu spontané et dans les autres épreuves projectives (les épreuves graphiques, notamment). Il nous faut insister sur le fait que quand un seul personnage est représenté sur la planche, il est fréquemment utilisé comme support identitaire, quel que soit le sexe du sujet en évaluation (pour les sujets qui n'ont pas atteint l'œdipe à tout le moins). On avait déjà pu le constater dans les élaborations données devant les planches 1 et 3. Et il en ira de même de celles produites devant la planche 13B.

Planche 6BM : la femme âgée et l'homme plus jeune

Cette planche permet en principe d'explorer chez les garçons (et les hommes) la nature du vécu avec la figure maternelle. La différence d'âge entre ces deux personnages est en effet susceptible de favoriser la projection de sentiments et d'affects chez les garçons. L'atmosphère que dégage la planche en est une de malaise : la femme tourne le dos à l'homme et a un air pensif, comme si on lui avait appris une mauvaise nouvelle; elle donne l'impression d'être en train d'encaisser, de « digérer » cette mauvaise nouvelle. L'homme est à l'avant-plan; il affiche un air désolé, inquiet, contrarié, comme s'il était lui-même le porteur de la mauvaise nouvelle. Son pardessus de couleur sombre, l'orientation de son regard, son air plutôt triste, préoccupé, ses mains retenant son chapeau, tous ces détails concourent à l'établissement de cette atmosphère de malaise. Il est tentant pour les sujets œdipiens de faire référence ici à la tierce personne qui pourrait être vue comme absente de cette scène : le mari de la dame et le père de l'homme. Cette figure est très souvent dite victime d'un malheur : mort, maladie fatale, accident grave, etc.

Élaborations produites par des sujets à fonctionnement œdipien

Raphaël : *C'était un garçon et sa mère qui se parlent. Parce que son père était mort. À cause d'un accident de voiture.*

Guillaume : *Je dis que c'est sa mère pis son fils. Que son père est décédé, parce que les deux sont tristes. (?) C'est ça.*

Bruno : *C'est un garçon dans la trentaine. I' s'en va à l'hôpital, parce qu'il a quelque chose au cœur. Tout à coup, i' remarque que son père est à l'hôpital parce qu'i' a un cancer. Après l'opération du cœur au jeune homme, son père est décédé, alors i' s'en va aux funérailles.*

Ces trois élaborations ont sensiblement une même teneur : la figure paternelle est décédée. Il est permis de penser que la suggestion de cet aboutissement figure symboliquement le souhait de voir le père s'écarter du milieu familial pour laisser libre cours à la réalisation du désir du garçon (œdipien).

> Jacob : *Comme s'i' étaient à des funérailles. Mais i' étaient pas contents, parce qu'il y avait quelqu'un dans leur famille qui est décédé. (?) La maman du monsieur qu'on voit, ce serait elle qui est décédée.*

> *Joran : Y a un monsieur pis une madame qui étaient dans un genre de bâtisse. Qu'i' avaient d'l'air déçus. Comme s'ils étaient à des funérailles. Parce que c'était une personne qu'i' aimaient beaucoup. (Qui c'était?) Le fils de la madame et le frère du monsieur est mort.*

Il est tout à fait possible que dans le cas de ces deux garçons, le désir de la mort ou du départ du père ait été refoulé ou encore masqué par l'idée que c'était « quelqu'un dans la famille », en fait la mère du monsieur pour Jacob et le « fils de la madame et le frère du monsieur » pour Joran. Notons que le refoulement de ce dernier ne réussit pas complètement : « [C]'était une personne qu'i' aimaient beaucoup. »

Les élaborations fournies par les cinq garçons laissent voir un sentiment de tristesse (après l'évocation du décès de la personne) de la part de la figure maternelle, cela de va de soi, mais également de la part du monsieur, qui est dans tous les cas le support identitaire. L'évocation de ce sentiment est en relation directe avec le malaise ou la culpabilité ressentie par ces garçons après l'émergence chez eux de ce souhait de voir leur père disparaître; il ne faut pas oublier en effet qu'en dépit de l'intensité du conflit œdipien, le garçon éprouve toujours des sentiments positifs envers la figure paternelle.

Élaborations produites par des sujets à fonctionnement anaclitique de haut niveau (phallique)

> Charles : *Y a une madame âgée, qui a l'air à attendre l'autobus, pis un autre monsieur qui regarde par terre. Lui aussi, i' a l'air à s'ennuyer; pis à la fin, i' commencent à se parler.*

> Kevin : *La grand-mère... ils attendaient quelqu'un, mais il n'arrivait pas. Ça fait qu'i' se demandaient qu'est-ce qu'i' avait, vu qui neigeait. Le monsieur s'habillait pour aller voir. (Qu'a-t-il vu?) I' a vu qu'i' était pris dans la neige.*

Dans ces élaborations, Charles et Kevin évoquent un contexte d'absence de communication, d'ennui, d'inquiétude ou d'attente non comblée. Il est difficile de préciser dans la deuxième allégorie où se trouve le support identitaire : soit derrière le monsieur qui, motivé par un accomplissement valorisant, va aller au secours de quelqu'un en mauvaise posture, soit derrière le personnage en difficulté qui attend d'être aidé, d'être dégagé de la froideur ou du caractère frustrant de ses relations avec les figures parentales, le monsieur sur l'image représentant alors la figure paternelle.

> Fabien : *C'est un monsieur qui s'en va visiter sa grand-mère, pis là, i' ôte son chapeau pis i' regarde à terre parce qu'i' est triste. (?) Parce que sa grand-mère, elle a un cancer.*

L'anxiété de perte perce la production de Fabien. Les sujets phalliques sont toujours anaclitiques, donc enclins à des accès d'anxiété de cette nature.

Élaborations produites par des sujets à fonctionnement anaclitique médian

Nicolas : *Deux personnes qui... une vieille madame et un gentleman, qui sont aux funérailles, au décès d'une personne parce que le monsieur tient son chapeau dans sa main. (?) Peut-être le décès de sa mère ou de n'importe qui.*

On peut penser que le support identitaire est le monsieur qui a (peut-être) perdu sa mère ou quelqu'un d'autre (de cher). On peut trouver dans cette allégorie une manifestation de l'angoisse de perte d'objet de la part de ce garçon.

Simon : *C'est un gars qui a quelque chose à dire à sa mère; i' veut lui demander quelque chose; pis elle, elle l'écoute pas, pis elle le regarde pas.*

Il y a dénonciation de la part de Simon du défaut d'attention et d'affection de la figure maternelle à l'égard de son fils, certainement une projection de ce qui lui arrive fréquemment dans la relation avec sa mère.

Élaborations produites par des sujets à fonctionnement anaclitique de bas niveau et par des sujets parapsychotiques

Vincent : *Les deux personnages regardent dehors. Le gars après a été mangé du bon McDonald, du bon buffet, du bon Burger King. (?) Elle l'a suivi. Le lendemain matin, il a fait du trapèze.*

Thierry : *C'est une serveuse qui regarde par la fenêtre et Elvis Gratton [un personnage de cinéma loufoque] apparaît. On dirait qu'il lève son pantalon. (?) I' va frapper la vieille dame. Elle va revoler dans la fenêtre.*

Ce qui ressort de la production de Vincent, c'est son caractère infantile, primitif (la satisfaction de besoins oraux prédomine) : son support identitaire se comporte comme un tout-petit en recherche de l'attention de la figure maternelle. Quant à la seconde, par la voie de son support identitaire, Thierry maintient sa propension (manifestée antérieurement en 3BM et en 5) à faire preuve de violence à l'endroit de la figure maternelle.

Commentaire sur l'ensemble des productions

Dans cette planche, c'est le plus souvent l'homme qui est utilisé comme support identitaire, mais pour des raisons qui varient avec le mode de fonctionnement affectif. Il peut arriver que ce support corresponde à un sujet hors image, comme il est possible que ce soit le cas de Kevin.

Planche 6GF : la jeune femme et l'homme d'âge mûr

Une femme bien mise et à l'air quelque peu étonné et peut-être même importuné tourne son regard en direction d'un homme plus âgé, qui s'est approché d'elle par derrière et, peut-être, à son insu. Cet homme a une pipe dans la bouche, détail qui a son importance, au niveau des adolescents tout particulièrement; il semble parler à la jeune femme d'une manière bienveillante, mais sans avoir retiré sa pipe au préalable. La question qui se pose en regard de cette planche est la suivante : le sujet en évaluation va-t-il oui ou non considérer ces personnages comme formant un couple (parental ou non)? Pour les sujets féminins, il faut s'attendre à ce que la dame à l'avant-plan soit souvent utilisée comme support identitaire.

Élaborations produites par des sujets à fonctionnement œdipien

Béatrice : *C'est une fille qui travaillait dans son bureau, pis y a un garçon qui est arrivé, pis le garçon lui a fait faire le saut, i' a fait peur à la fille. La fille a dit au garçon de s'en aller parce qu'elle avait du retard dans ses choses. Le garçon s'est en allé.*

Jodie : *C'est une madame. C'est un monsieur. Il a une pipe. Il fume une cigarette, le monsieur. Dégueulasse! On dirait que la madame, elle travaille pour lui. (?) Le monsieur lui demande de faire quelque chose pis elle va pas le faire, elle va refuser, pis le monsieur va la renvoyer.*

Kathleen : *Y a une madame sur son sofa qui parle à un gars. La madame à l'air un peu inquiète, car le gars lui dit des choses inquiétantes. (?) Je le sais pas. (?) Euh...* ++ *il lui dit : « Ta maison va brûler. »*

Dahlia : *C'est un autre zombie qui s'est déguisé pour passer l'Halloween. Qui venait cogner aux portes. La madame, elle savait pas c'était qui soit un homme ou une femme. Pis finalement, c'était un homme et c'était un voleur, ça fait qu'i' a rentré dans sa maison, mais elle, elle voulait pas, pis i' est venu voler ses bijoux.*

Janice : *C'est une madame qui travaillait à la bibliothèque; y avait un monsieur qui était arrivé, pis y avait volé des livres. Pis après ça, elle a appelé la police; il a redonné les livres.*

Laure : *Il était une fois une petite fille… une grande fille qui regardait la télé; tout à coup, un monsieur apparaît et le monsieur avait une pipe dans la bouche et faisait faire le saut à la madame. Fin. (?) Le monsieur va s'en aller parce que la femme a dit : « Si vous ne partez pas je vais appeler la police. »*

Simone : Il était une fois une jeune madame qui était en train d'écouter la télé. Un homme rentra dans la maison et lui dit : « Est-ce que je peux venir m'asseoir? – Non, dégage de ma maison. » L'homme l'oblige à dire oui, alors la femme dit oui. Elle dit : « Je vais aller chercher de la nourriture. » Mais dans le fond, c'était pour aller appeler la police. La police arrivée, l'homme était très, très, très choqué après la femme. Mais ils l'avaient menotté; s'il n'avait pas eu les menottes, il aurait pu faire quelque chose de très grave. Ils l'ont amené en prison.

Dans ces sept allégories, la présence de l'homme est perçue négativement; elle est inopportune telle que vue par Béatrice, embarrassante ou désagréable dans l'idée de Jodie, et annonciatrice de malheur selon Kathleen. Dans les quatre allégories suivantes, le personnage masculin est présenté soit comme un voleur (Dahlia et Janice), soit comme quelqu'un de menaçant qu'on doit éloigner (Laure et Simone). Qui est derrière la fille, le support identitaire ou la figure maternelle? Si c'était cette dernière, on pourrait voir derrière la déconvenue de cette rencontre la représentation symbolique de la séparation souhaitée des parents. Ce nous semble être le cas de Laure : celle-ci pourrait manifester ainsi son désir de voir la rupture s'installer entre les figures paternelle et maternelle. Simone, qui n'a pas encore fait le deuil de son papa adoré mort tragiquement, pourrait considérer comme une intrusion inadmissible l'arrivée d'un autre homme dans la maison familiale. Se pourrait-il que le support identitaire soit quelquefois derrière le personnage féminin? Bien évidemment. C'est même probable dans au moins deux cas. Au sujet de Dahlia, l'hypothèse d'un abus sexuel peut être posée. Nous savons d'autre part que Janice est très déçue du caractère distant de son père. Peut-être révèle-t-elle par son allégorie que, n'ayant pas reçu ce qu'elle attendait de lui, elle considère qu'on devrait le forcer à changer d'attitude. L'utilisation du personnage de la femme comme support identitaire paraît difficilement contestable dans les élaborations qui suivent; on y notera une présentation nettement positive du personnage masculin.

> Camille : *Il était une fois un monsieur qui demandait à une madame de l'aider à retrouver sa maison. Et la madame, elle a trouvé sa maison.*
>
> Lisiane : *On dirait une dame qui sait pas quoi faire. Ben, comme dans des films. On voit des dames qui sont tristes, pis quelqu'un qui vient en arrière leur toucher et dire : « Ne sois pas triste, voyons, viens avec moi. » C'est un monsieur qui fume, i' est vieux, mais i' est rassurant.*
>
> *Marianne : C'est une madame; elle voit le monsieur.* ++ *I' peuvent se dire qu'i' s'aiment. Pis i' se marient. Ça finit comme ça.*

Au sujet de ces trois élaborations, il est tout à fait possible de conclure à l'expression du désir de conquérir la figure paternelle.

Élaborations produites par des sujets à fonctionnement anaclitique de haut niveau (phallique)

Justine : ++ *Le papa de…, le père de cette jeune fille décide de l'envoyer retourner faire le ménage. Elle a déjà fait presque toute la maison. Elle doit nettoyer son père. (?) A va prendre une guenille, elle va nettoyer sa face pis ses pieds, pis ses bras. Elle va lui mettre de la crème sur tout ça, parce qu'elle doit aussi nettoyer son père.*

L'état de servilité que Justine reconnaît à son support identitaire en dit long sur le désir d'être reconnue par le père, sur ce qu'elle est prête à accomplir dans sa relation avec lui pour obtenir cette reconnaissance (phallique). Ce père étant particulièrement agacé par son manque de réussite, la fillette a le sentiment qu'il y aurait beaucoup de nettoyage à faire chez lui.

Chloée : *Premièrement, c'est sûr que c'est une madame qui est assise sur un divan. Je pense qu'elle écoutait la télévision, pis i' est venu lui faire peur.*

Cette allégorie met en scène une figure masculine pas particulièrement sympathique. Elle pourrait témoigner de la relation difficile entre les parents ou entre le père et la fille.

Élaborations produites par des sujets à fonctionnement anaclitique médian

Charline : *C'est une madame qui est en train d'écouter la télé, pis y a un monsieur qui rentre sans cogner. Le monsieur dit : « Donnez-moi 100 $ sinon je vous tue. » La mère, elle court, elle court, elle prend le téléphone, elle appelle le 911, elle crie au téléphone, elle a donné son adresse. Le monsieur a pris le téléphone, il l'a cassé, la*

> *police est arrivée, elle l'a dit : « Monsieur, haut les mains! » Ça fait que la police l'a arrêté pis la madame avait tout le temps peur d'être toute seule. Ça fait qu'elle a demandé à sa sœur si elle pouvait aller habiter chez elle.*

> Mégane : *Un homme qui effraie une dame. C'est pas mal ça. Pis la dame tombe à terre. Le monsieur lui fait peur avec sa pipe dans la bouche.*

Charline projette sur le personnage féminin son sentiment d'insécurité, celui d'être vulnérable et exposée aux attaques, sa difficulté d'être seule et son besoin d'étayage. Mégane suggère une allégorie à la teneur assez identique.

> Pénélope : *Je dirais que c'est un piano. Elle joue au piano, mais on dirait qu'elle est une professionnelle, pis lui, i' veut la rendre meilleure. I' l'écoute jouer; i' veut la rendre plus professionnelle.*

> Sabine : *Ah oui! Le père chicane la fille ou il la félicite. Pis la fille est tout émue, je le sais. À cause qu'elle est allée chercher du pain, sans avoir parlé à personne.*

Le support identitaire de Pénélope exprime le désir d'être aimé, encouragé, soutenu par une figure paternelle adéquate. Quant à celui de Sabine, il exprime son incertitude quant à la manière dont la figure paternelle appréciera une bonne action de sa part : réprobation ou acceptation positive des efforts faits pour être aimée.

Élaborations produites par des sujets à fonctionnement anaclitique de bas niveau et par des sujets parapsychotiques

> Mylène : *C'est deux amoureux qui se sont chicanés. Le monsieur arrive pis i' va s'approcher de la madame pis là, elle a un peu peur. (Pourquoi?) Parce qu'i' s'était chicané avec elle. (?) I' vont aller souper.*

Cette fillette exprime le souhait que ses parents se réconcilient après s'être querellés.

> Sandrine : *C'est une fille qui a un père, pis sa mère est morte. Là, son père, il interdit d'ouvrir la petite boîte qui était à côté d'elle. Pis là, le père, i' s'en va manger. Là, la fille, elle ouvre la boîte, mais elle se fait surprendre par le père. Le père lui dit : « Ta mère m'avait laissé trois petits cadeaux qu'elle avait eus il y a longtemps. Pis je veux pas te les montrer parce que tu vas pleurer. » La petite fille dit : « Non, je vais pas pleurer. » Le père dit : « Si tu pleures, c'est pas de ma faute. » Là, la fille, elle ouvre la boîte et après, elle voit le vrai, vrai cœur de sa mère, mais i' était mort. Pis l'autre cadeau aussi, un de ses cheveux qui était dans un petit sac. Elle avait laissé un mot; il était écrit : « Ma petite fille que j'aime, ne jette jamais, jamais, jamais les choses que je t'ai laissées dans cette petite boîte. Je t'aime. »*

Sandrine élabore une allégorie qui suscite un sentiment d'étrangeté. Comment une mère peut-elle donner un cadeau qu'elle avait reçu depuis longtemps et qui était constitué de son propre cœur (mort), son cheveu et un message écrit de sa main?

Commentaire sur l'ensemble des productions

Le personnage masculin de cette planche est la plupart du temps décrit d'une façon négative. Il est perçu généralement comme intrusif et habité de mauvaises intentions. Il arrive à l'occasion que des filles victimes d'abus sexuel livrent en réaction à la situation représentée des quasi-confidences au sujet d'une expérience sexuelle non désirée. Il nous souvient de l'allégorie élaborée par une fille de 11 ans devant cette planche : « C'est une fille, raconta-t-elle. Elle pensait que cet homme était son amoureux, mais finalement, elle a découvert que c'était un vampire. » Comme cette fille préadolescente dormait toujours dans le lit de ses parents, il nous a semblé raisonnable de postuler que le père se livrait à des comportements abusifs sur sa personne durant la nuit, à l'insu de sa conjointe, mère de la fillette.

Cette planche trouve sa valeur principale selon nous dans la possibilité qu'elle offre au sujet de faire surgir des quasi-confidences de cette nature, car la relative homogénéité des réponses d'un mode de fonctionnement affectif à l'autre nous amène à constater qu'elle est dotée d'un pouvoir discriminant plus restreint que celui des autres planches.

La femme est utilisée comme support identitaire, quel que soit le mode de fonctionnement affectif du sujet. Elle peut aussi servir à l'occasion à représenter la mère.

Planche 7BM : deux hommes de générations différentes en situation rapprochée

Cette planche invite tout naturellement les garçons à prendre l'homme plus jeune comme support identitaire. Ce personnage présente un air qui peut être qualifié de relativement neutre. Certes, il manifeste une attitude d'écoute, mais il faut s'empresser de remarquer que ses yeux ne s'orientent pas vers ceux de l'homme plus vieux dont on peut présumer qu'il lui a parlé, qu'il lui parle ou qu'il s'apprête à lui parler. L'expression de ce deuxième personnage, qui appartient manifestement à une autre génération, paraît plutôt bienveillante, placide, comme s'il voulait partager une confidence, donner un conseil ou un encouragement. Il n'est pas impossible cependant d'y lire de la réprobation ou les suites d'un commentaire négatif ou plus ou moins bienvenu, compte tenu de l'expression de l'homme plus jeune, en particulier de l'orientation de son regard, de son air pensif, du caractère neutre de sa bouche. Cette planche, tout comme celle de l'enfant avec le violon, permet de vérifier dans quelle mesure le besoin de reconnaissance phallique a été suffisamment satisfait (condition d'accès à l'œdipe) ou non, dans quelle mesure le personnage plus âgé adopte une attitude valorisante plutôt que réprobatrice, dévalorisante ou infériorisante.

Élaborations produites par des sujets à fonctionnement œdipien

Renaud : ++ *C'est un monsieur; i' va s'acheter un arbre à l'été. Quelques mois plus tard, en hiver, le déneigeur déneige sa cour et brise son essuie-glace et coupe l'arbre. Le monsieur est très fâché parce que l'arbre lui a coûté très cher. L'été, le déneigeur revient et lui achète une autre sorte d'arbre et il est plus content que l'autre fois.*

Joran : *Y a un monsieur qui a d'l'air content, à côté d'un autre monsieur qui avait pas d'l'air content, parce qu'i' était en arrestation : i' s'était échappé pis i' avait faite un vol.*

Par son support identitaire (le déneigeur), Renaud manifeste son sentiment d'être en faute par rapport à son père. Faute commise et réparée (donc, capacité de culpabilité évidente) : l'« attaque » sur la figure paternelle par le support identitaire est suivie d'une démarche de réparation. Le sentiment d'être en faute par rapport au père est également ce qui se profile dans l'élaboration de Joran : le vol qui est évoqué fait référence au souhait de conquérir la mère au détriment du père, souhait qui anime ce garçon et qui justifierait à ses propres yeux son arrestation.

> Bryan : + *C'était un fils... son père était musicien. Pis son père, i' jouait de l'orgue. Pis là, i' est rendu... son père est rendu qu'i' entend pus bien, qu'i' est sourd. Le jour où le père commence à être ben, ben, ben malade, à cause qu'i' faisait ben froid, ben, i' a dit à son fils, que lorsqu'il mourrait, i' aimerait ben ça qu'i' prenne sa place comme musicien. Pis là, son fils a pris sa place comme musicien quand i' est mort, pis i' est rendu une vedette.*

Il nous apparaît que c'est le désir de remplacer le père dans le cœur de la mère qui se cache également derrière cette élaboration de Bryan, l'amour œdipien de la mère étant figuré par la place près d'un instrument de musique.

> Guillaume : *C'est son père pis son fils. I' se parlent. (?) I' se parlent des choses qu'i' ont faites dans leur vie.*

> Robin : *C'est le père du fils, encore, qui... qu'est-ce qu'i' font? I' font rien. I' regardent le hockey des Canadiens et les Canadiens viennent de gagner et i' disent : « Hourra! »*

Ces deux élaborations témoignent d'un désir de rapprochement et de complicité de la part du support identitaire avec la figure paternelle. Ce désir découle du sentiment de malaise consécutif au fait chez ces garçons d'avoir voulu l'emporter sur le père rival dans la course à l'amour de la mère œdipienne. Guillaume et Robin voudraient bien être rassurés sur les sentiments de leur père à leur endroit : absence de rancœur, de désir de vengeance, etc.

Élaborations produites par des sujets à fonctionnement anaclitique de haut niveau (phallique)

> Fabien : *C'est un gars qui jase avec son père, pis son père i' veut lui acheter une nouvelle voiture pis son fils, i' veut pas. (?) Parce qu'il en a déjà une.*

Cette élaboration laisse voir à quel point Fabien se désole de voir que son père est incapable de lui donner ce qu'il attend de lui : considération, encouragement, valorisation. La figure paternelle donne plutôt au support identitaire ce dont il ne veut pas (bien matériel) parce qu'il estime en avoir déjà suffisamment.

> Francis : *Y a un monsieur très vieux qui parle à un jeune garçon; le vieux monsieur dit : « J'aimerais faire un pari avec toi ou jouer au bingo. » Le garçon dit : « J'aimerais ça vraiment jouer avec vous, mais j'ai une sortie au resto avec ma femme cette journée-là. » Le monsieur répond : « Tu pourrais aller une autre fois au bingo. » Et là, ils sont d'accord.*

Le sujet phallique refuse difficilement une occasion de mesurer ses habiletés tellement est intense son besoin de renflouer son narcissisme vacillant.

Kevin : *C'était un grand-père avec un garçon. Le grand-père était pas content, à cause que son garçon avait faite une niaiserie. (?) I' avait brisé son auto en allant dedans, vu qu'il était trop jeune pour conduire. Son père l'avait chicané. Le fils était triste parce que i' s'était faite pogner.*

Dans ce cas-ci, il y a présence chez le support identitaire du sentiment de honte (le support identitaire est triste parce qu'il s'est fait prendre) et, du même coup, absence de culpabilité vraie ou de malaise ressenti en raison du dommage fait à autrui. Est également présent le sentiment de ne pas être à la hauteur des attentes de la figure paternelle.

Élaborations produites par des sujets à fonctionnement anaclitique médian

Nicolas : *Un monsieur qui dit un secret à son fils. (?) Je le sais pas c'est quoi son tour de magie.*

Pascal : *C'est un grand-père qui est habillé en cravate pis qui voit son fils qui a l'air malheureux (?) Parce qu'i' sait pas quoi i' va faire avec sa vie. (?) I' a trouvé un boulot et i' aime gagner bien sa vie…*

Simon : *Ah! ça c'est facile. Lui (le plus jeune) va voir l'autre pour se faire aider. (Ils se connaissent?) Oui, ils sont des amis.*

Ces trois élaborations expriment le besoin de ces garçons d'obtenir affection et aide de la part de la figure paternelle. Ce besoin d'étayage est caractéristique de l'anaclitique médian. Ce désir d'être comblé affectivement prend la forme d'un secret partagé chez le support identitaire de Nicolas, d'un encouragement à faire quelque chose de sa vie chez celui de Pascal et d'une aide pure et simple chez celui de Simon.

Élaborations produites par des sujets à fonctionnement anaclitique de bas niveau et par des sujets parapsychotiques

Thierry : *C'est un gars qui voit son vieux, vieux grand-père et i' était très malade. Le petit gars fait ça (la « baboune »), parce que i' est triste. (?) Le gars frappe son grand-papa à l'autre bout du monde parce qu'i' le trouvait trop méchant.*

Vincent : *Sa blonde est morte, pis sa blonde à lui aussi est morte. I' sont tristes, i' pleurent. Lui, elle s'appelait Valérie pis lui, elle s'appelait Mégan. (?) I' s'en vont voir la tombe pis i' pleurent. I' ont beaucoup aimé ces blondes.*

Il y a une incohérence manifeste dans la première élaboration : le support identitaire est triste de voir son vieux grand-père malade, ce qui ne l'empêche pas de le frapper et de l'envoyer à l'autre bout du monde, parce qu'il était trop méchant (clivage : le support identitaire se comporte comme s'il était face à deux personnages distincts, l'un bon et l'autre méchant). La deuxième élaboration fait état de la situation de deux endeuillés après la mort de leur « blonde ». Ce sentiment de perte reflète vraisemblablement une expérience intérieure : l'impression d'être privé de l'amour de quelqu'un d'important, de significatif.

Commentaire sur l'ensemble des productions

La différence d'âge entre les deux hommes favorise l'utilisation par les garçons de l'homme plus jeune comme support identitaire, et ce, quel que soit leur mode de fonctionnement affectif.

Planche 7GF : la femme adulte et la fillette à la poupée

Une fillette assise sur le bras d'un fauteuil porte son regard dans la direction opposée d'une femme adulte qui se penche vers elle, une table les séparant l'une de l'autre. Cette femme lit un livre (à voix haute ou non). La fillette encercle de ses poignets et de ses mains croisées ce qui paraît être une poupée, bien qu'il arrive souvent que celle-ci soit prise pour un bébé. Son expression (regard détourné dans une direction contraire à la femme adulte) trahit chez elle la distraction ou l'indifférence, sinon l'envie d'être ailleurs. Il y a dans l'indétermination de l'expression de chacun de ces deux personnages une large place pour la projection. Nous pouvons faire l'hypothèse que la fillette à l'avant-plan va le plus souvent, sinon toujours, être utilisée comme support identitaire.

Élaborations produites par des sujets à fonctionnement œdipien

Béatrice : *C'est une petite fille, avec sa mère. Pis elle était assise sur le divan, pis là, elle prenait sa petite sœur. Elle prenait son petit bébé sœur. (?) Elle a essayé de l'endormir, quand elle dormait, il fallait la coucher.*

Joanie : *C'était une petite fille qui voulait absolument un petit frère, mais sa mère pouvait pas parce qu'elle avait plus d'amoureux et un jour, la petite fille, elle a trouvé un bébé dans un petit panier. Elle l'a apporté à la maison et la maman avait dit à la petite fille : « On va faire un test pour voir si tu vas bien t'en occuper. » Et la petite fille, elle a fait le test et elle s'en est bien occupé. Alors, elles ont gardé le bébé et lui ont appris à marcher, à parler et à manger, etc.*

Ces deux fillettes sont soucieuses d'établir qu'elles peuvent fort bien être une bonne maman, compétence qui justifie pour elles d'entretenir l'espoir d'être l'amoureuse de leur papa.

> Lisiane : *Ici, on dirait qu'il y a une maman qui a une enfant très grande, et qui a eu un petit frère ou une petite sœur. Pis la maman, en arrière, elle a l'air de lire. La petite fille a l'air de pas bien s'en occuper, elle regarde ailleurs, pis elle le tient pas bien. Pis, on dirait une maison de riches parce qu'elle a l'air grande.*

> Gaïa : *C'est une madame qui a une jeune fille pis qui vient d'accoucher d'un bébé, pis la bonne vient la voir parce qu'elle est toujours triste d'avoir à s'occuper du bébé. Alors, elle [la bonne] a parlé à sa mère pour lui dire que sa fille était tannée de s'occuper de lui, qu'elle n'était pas encore une adulte. C'est pour ça qu'elle est toujours triste.*

Lisiane et Gaïa se désolent de devoir s'occuper du bébé, parce qu'elle voit en lui le cadeau que le papa a fait à la maman. La richesse dont est dotée la rivale est particulièrement ressentie par Lisiane; la fillette montre sa déception d'être privée des faveurs du père.

> Klara : *Sa maman à la petite fille, elle a eu un bébé, pis la fille a veut prendre le bébé, pis la maman a dit : « Ben, tu le prends pas comme il faut, je peux pas te le donner. » La petite fille, elle chiale, elle s'en va dans sa chambre, elle revient. La maman a dit : « Ok, je vais te le prêter, mais prends-le comme il le faut. »*

Klara exprime par son support identitaire le désir de s'approprier le bébé de la mère et elle s'attriste du refus de celle-ci. Finalement, la mère consent à le lui

« prêter ». Dans ce récit, l'accent est mis sur la possession du bébé.

Marianne : *C'est une fille pis sa mère; elles sont dans le salon. Pis son père, i' s'en va. (?) I' s'en va de la maison pour de bon. (Comment ça finit?) Comme ça.*

Beaucoup de filles œdipiennes manifestent dans leurs productions projectives le désir de voir le père partir de la maison avec le projet secret d'aller le rejoindre et de vivre en seul à seule avec lui.

Élaborations produites par des sujets à fonctionnement anaclitique de haut niveau (phallique)

Justine : *C'est quoi qu'elle a dans ses mains?* ++ *La demoiselle, qui est la femme de ménage, regarde la jeune fille et lui dit : « Aimerais-tu que je nettoie ton petit animal? » Elle répond : « J'aimerais aussi que vous nettoyiez mes cheveux aussi; faites-moi une coiffure. » La petite fille se repose sur le sofa et arrête tout et attend que la jeune femme arrive.*

Chloée : *C'est une madame qui est en train de lire pis y a une petite fille qui regarde quelque chose avec sa poupée dans les mains. (?) La madame va aller s'amuser avec la petite fille et la poupée.*

Désir du support identitaire d'avoir de l'attention et, peut-être aussi, d'être valorisé.

Élaborations produites par des sujets à fonctionnement anaclitique médian

Charline : + *C'est une petite fille que sa mère est partie à quelque part. La mère est partie, elle a laissé tomber sa fille. C'est sa tante qui la gardait. Un jour, sa tante était assise avec la petite fille, pis la petite fille, elle l'avait... elle parlait pas à sa tante. Sa tante lui a demandé : « Qu'est-ce qu'il y a? » « Rien », elle avait dit. À un moment donné, elle avait une poupée dans les bras, pis elle avait l'air tellement triste, mais c'est à cause que sa tante lui avait conté une menterie : elle lui avait caché la vérité, que sa mère l'avait abandonnée.*

C'est une élaboration provenant d'une fillette portée sur l'automutilation, qui espère tellement être davantage aimée de sa mère. Le sentiment d'avoir été abandonnée apparaît dramatiquement.

Marilou : *C'est quoi ca? ++ Ok. Un jour, une adolescente d'environ 13 ans vient d'apprendre qu'elle ne pourrait jamais avoir d'enfant. Attristée, elle était inconsolable. Son père décida alors de lui acheter une petite poupée ressemblant parfaitement à un bébé. Sa mère regarda le bébé et était très intriguée. Cette poupée était la copie parfaite de sa fille quand elle était bébé.*

Marilou, insatisfaite du peu d'attention et d'affection qu'on lui donne dans sa famille (reconstituée), avait des attentes très élevées au sujet de la reprise des relations avec son père, relations qu'elle espérait grandement réparatrices pour elle. Malheureusement, cette reprise s'avéra fort décevante. La fillette donne dans cette élaboration une idée précise de son désespoir de grandir normalement; elle souhaite toujours que son père lui donne une preuve de son affection pour elle et, surtout, l'assurance qu'il se souvient de qu'elle était pour lui lorsqu'elle était enfant.

Mégane : *Une femme qui a donné à son enfant un autre enfant qu'elle avait, pour qu'elle puisse le bercer. Pis elle l'échappe à terre.*

Cette fillette laisse entendre à quel point elle est dérangée par l'arrivée du plus jeune dans sa famille. Elle raconte que la fillette (son support identitaire), ayant reçu l'enfant sur elle, l'échappe, issue qui trahit son désir de violence à l'endroit du bébé.

Régine : *Une petite fille qui est triste pis elle serre sa poupée très fort. Il y a une femme de ménage, parce qu'elle est riche... La femme de ménage essaie de lui parler pis là, la petite fille est moins triste d'avoir perdu, heu, son nounours.*

Sabine : *Elle, elle lit, pis elle regarde quelque chose ou elle se fait raconter une histoire. Pis elle est contente. Elle va s'endormir.*

La fillette, support identitaire de Régine, éprouve des sentiments de tristesse après la perte de quelque chose qui lui était cher (son objet transitionnel, qui symbolise l'amour maternel); la figure maternelle se mobilise et lui permet de surmonter sa tristesse, en partie à tout le moins. Sabine, quant à elle, accorde à la fillette de la planche (son support identitaire) l'attention et l'affection maternelles qu'elle souhaite tant recevoir de sa propre mère.

Élaborations produites par des sujets à fonctionnement anaclitique de bas niveau et par des sujets parapsychotiques

Mylène : *C'est une petite fille qui était dans son coin; elle était triste pis sa mère vient la consoler. (Pourquoi?) Parce que son frère, i' prenait le chat pour lui tout seul.*

Sandrine : *C'est une maman qui a accouché d'un bébé. Pis l'aînée, sa petite fille, elle déteste le bébé parce que sa mère s'en occupe trop. Là, la mère dit : « Prends le bébé et tu vas voir que c'est dur de s'en occuper. » Là, le bébé commence à pleurer. Là, la petite fille, elle sait pas quoi faire. Après, elle se dit : « J'ai déjà vu ma mère lui donner un biberon; ça fait que je vais lui donner du biberon. » Elle se demande c'est quoi le liquide blanc qu'il y a dedans. Là, elle est allée voir dans le frigo pis elle a vu une boîte qui était marquée « Lait ». Là, elle l'a pris pis elle en a versé dans le biberon, et elle l'a mis au micro-ondes. Mais elle savait pas quel temps qu'elle devait le mettre au micro-ondes. Et elle a demandé à sa mère, mais sa mère, elle a dit : « Je peux pas te le dire. Tu savais que c'était pas facile de s'occuper d'un bébé. » Là, la petite fille, elle se souvient d'un chiffre; elle a vu un 2, et là, elle a faite 200. Pis là, elle a fait « Start », pis le biberon a chauffé pis en attendant, elle a bercé le bébé et là, le bébé quand i' a bu, elle savait qu'il faut qu'i' fasse un rot, « Mais je sais pas comment i' faut faire. » (?) Elle l'a frappé doucement dans le dos; i' a faite un rot. Là, elle dit à sa mère : « Finalement, c'est dur de s'occuper d'un bébé. »*

Une demande d'étayage est clairement exprimée par Mylène par le biais de son support identitaire; quant à Sandrine, elle tente désespérément de se convaincre de la raison pour laquelle sa mère est moins disponible depuis l'arrivée de sa petite sœur.

Commentaire sur l'ensemble des productions

Comme c'était le cas de la planche précédente, celle-ci présente deux personnages d'âges contrastés. Il n'est pas étonnant que le plus jeune, une fillette, soit utilisé comme support identitaire, selon des fins d'expression qui varient grandement d'un sujet à l'autre et, surtout, d'un mode de fonctionnement à un autre.

Planche 8BM : le garçon devant la scène de l'opération

Il faut noter d'entrée de jeu que le terme « opération » est utilisé ici dans le sens le plus général possible plutôt que simplement médical. Plusieurs sujets vont lire la planche comme si elle faisait apparaître une situation d'agression commise sur un homme. Cette planche propose, elle aussi, une scène à deux plans. À l'avant-plan, un jeune homme en veston cravate (il peut même être pris pour un adolescent, ce qui favorise son adoption comme support identitaire, cela va de soi) affiche un air pensif, regardant devant lui, tournant le dos à ce qui apparaît à l'arrière-plan. Également à l'avant-plan, à la droite du jeune homme, se profile la forme incomplète d'un fusil, forme suffisamment complète ou précise cependant pour que soit écartée toute ambiguïté. À l'arrière-plan, deux hommes se penchent sur le corps à demi dénudé d'un homme étendu sur une table. L'un d'eux est en train de pratiquer une entaille à l'abdomen de cet homme manifestement inconscient. L'autre homme surveille l'opération en cours. On peut déduire de l'image qu'il est bien mis puisqu'il porte une tenue chemise et cravate, et qu'il arbore une barbe bien taillée. Un faisceau de lumière englobe les deux hommes et vient se perdre derrière le personnage du garçon de l'avant-plan, se projetant sur le côté gauche de sa silhouette, ce qui laisse penser que la scène se déroule dans une seule et même pièce. Ce rayon de lumière peut aussi suggérer que la scène arrière est imaginée par celui-ci, une situation tout à fait identique à celle qui est faite au sujet soumis à l'épreuve.

Élaborations produites par des sujets à fonctionnement œdipien

Robin : *Mannn! C'est deux gars qui opèrent un autre gars. Pis le gars, ça lui fait très mal. Sa femme s'en fout genre un peu parce qu'elle l'aime pus vraiment. (?) Ça va finir que la blonde s'en va et le gars va être tout seul. Une mauvaise fin.*

Joran : *Y a un jeune homme proche d'un autre monsieur, qui rêvait qu'un homme allait le tuer [ce « monsieur »] avec un couteau... Le père va se faire tuer par deux hommes, dont un armé d'un couteau.*

Guillaume : *Ça a l'air d'être dans un hôpital. Sûrement son père qui se fait opérer pis y a son fils dans l'image; ça fait que ça doit être son fils. Son père, i' est malade, pis son fils est à côté de son père qui se fait opérer.*

Dans ces trois élaborations, il nous paraît assez évident que la personne opérée est la figure paternelle. Robin exprime son souhait inconscient d'une séparation définitive entre père et mère pour que puisse se réaliser son projet d'être l'amoureux de celle-ci. Notons qu'il perçoit comme féminin le personnage de l'avant-plan tellement son souhait œdipien est intense. Joran, quant à lui, ne fait pas de cachette sur l'identité de la victime : il la nomme « le père ». Il en va d'ailleurs ainsi dans la production de Guillaume : c'est le père du fils qui se fait opérer. On doit se demander où se trouve le support identitaire dans ces allégories. Pour ce qui est de celle de Guillaume, la réponse vient facilement : il s'agit du fils, le garçon à l'avant-plan. Dans les deux précédentes, celles de Renaud et Joran, on sera sans doute étonné de lire que chacun de ces deux garçons est représenté par les agents de l'opération dans la situation présentée. Il y a dans l'élaboration de Joran un deuxième support identitaire, qui est le « jeune homme proche d'un autre monsieur »; ce support identitaire secondaire pourrait représenter la partie du garçon qui est habitée par des sentiments positifs à l'endroit du père, la partie non touchée par les effets du conflit œdipien avec ce dernier. L'ajout de ce second support identitaire présente l'avantage de pouvoir masquer qui se profile derrière les deux agresseurs. Contrairement à ce qui arrive dans les élaborations de Robin et de Joran, le destin de la figure paternelle n'est pas funeste dans celle de Guillaume, pas explicitement à tout le moins, mais il faut prendre en considération le fait que la clinicienne n'a pas posé la question : « Comment cela va-t-il se terminer? » Il n'est pas interdit de penser que l'issue évoquée aurait été de nature funeste également, comme dans les deux autres allégories.

> Philippe : *C'était un petit gars; il fallait qu'i' aille se coucher, pis dans la nuit, i' avait fait un cauchemar, pis le lendemain, i' était traumatisé. (Traumatisé de quoi?) Quelqu'un qui tuait quelqu'un.*

La production de ce garçon peut être interprétée de deux façons : le cauchemar du support identitaire de « quelqu'un tuant quelqu'un » pourrait témoigner de l'angoisse soulevée par le désir inconscient de ce garçon de vouloir tuer son papa (pour hériter de son rôle d'amoureux de sa maman); il pourrait également découler du mouvement castrateur mis en branle par le malaise ressenti en raison du désir que le papa disparaisse. Selon la première interprétation possible, le tueur serait le support identitaire alors que, selon la seconde, il se profilerait derrière la victime. L'analyse des productions données par ce garçon devant les autres planches va permettre de déterminer laquelle s'impose. De toute façon, l'une et l'autre peuvent confirmer la dynamique œdipienne de ce garçon.

> Jacob : *C'est des chirurgiens qui sont en train de faire une opération. Parce que le monsieur avait tout le temps mal à son ventre; ça fait que i' sont allés voir ce qu'il avait. Pis là, i' l'ont trouvé, pis le monsieur était correct.*

> Didier : +++ *C'est des personnes qui veulent l'opérer. Parce que le gars a une maladie. Pis ça finit qui l'ont opéré pis i' a pas fait une crise, rien.*

Il nous semble que dans le cas de ces deux garçons, le support identitaire est la personne objet de l'opération; le mal au ventre ou la maladie ne serait rien d'autre que la culpabilité ou l'anxiété ressenties en raison du fait d'avoir souhaité le départ de la maison ou la mort de la figure paternelle. Les chirurgiens figurent selon nous le psychothérapeute par qui ils espèrent être guéris.

> Bryan : *Hein! (++) C'est un petit gars, qui s'appelait Jean. Pis lui, i' faisait souvent des cauchemars. Pis une nuit, i' a fait un cauchemar super écœurant. C'était son pire cauchemar. I' avait imaginé que c'était lui quand i' s'était endormi et qu'à minuit, y avait des méchants monsieurs qui, à chaque enfant, à la main gauche, i' coupaient toutes les doigts. Pis il y avait un autre monsieur à côté de l'autre qui avait une lumière pour l'aider à voir. Pis quand le petit gars c'est réveillé, i' avait regardé ses doigts pis i' les avait toutes. C'était juste un rêve. Après i' est allé voir sa maman, pis i' lui a dit : « Je suis bien. »*

Si l'on avait des doutes quant à la possibilité qu'un garçon puisse utiliser le personnage objet de l'opération comme support identitaire, la production de Bryan présente tout ce qu'il faut pour les dissiper. Voilà un petit œdipien habité par la culpabilité et une angoisse de punition (castration) des plus intenses. Cette production s'inspire probablement des cauchemars qui hantent le sommeil de ce garçon.

Élaborations produites par des sujets à fonctionnement anaclitique de haut niveau (phallique)

> Charles : *Un petit garçon qui a l'air pas trop sûr que quelqu'un de sa famille va survivre à une opération. Pis i' est en train de penser à ça. À la fin, le monsieur, i' a fini de se faire opérer pis i' est vivant, i' est correct.*

> Francis : *Y a un tableau en arrière d'un petit garçon : y a un monsieur avec un autre monsieur, qui coupe le ventre à un garçon. Pis le garçon souffre tellement qu'il crie et le couteau rentre complètement dans son ventre. Le garçon est triste parce que c'était son ami qui était sur la peinture. Pis il l'aimait beaucoup.*

Dans ces deux cas, le personnage du garçon à l'avant-plan est utilisé comme support identitaire. Le type d'anxiété qui apparaît ici est de perte d'objet, l'objet étant un être cher, « quelqu'un de sa famille » pour Charles ou un ami fort apprécié pour Francis.

Élaborations produites par des sujets à fonctionnement anaclitique médian

> Nicolas : *Yeurk! Des personnes qui sont en train de sauver une personne. (Que font-ils?) Il faut qu'ils l'opèrent, parce qu'il a eu un accident ou une balle. Y a un couteau, ça a d'l'air qu'i' coupent quelque chose. »*

Pascal : *C'est un homme qui se souvient des affaires et on dirait qu'il a une cicatrice sur sa tête. Il se souvient que deux hommes lui avaient coupé quelque chose et ça avait fait très mal.*

Simon : *Lui (en avant), il rêve que quelqu'un lui ouvre le ventre. (?) Je sais pas.*

Chacun de ces trois garçons évoque une situation dans laquelle le support identitaire serait l'objet d'une opération. Chez Nicolas, cette opération a une teneur médicale. La chose est moins sûre pour ce qui est des situations imaginées par Pascal et Simon. On ne peut déterminer en toute certitude s'il s'agit d'une opération médicale bénéfique ou d'une agression. Les deux hypothèses pourraient aller dans la même direction : « Je voudrais qu'on m'aide, qu'on me protège. »

Élaborations produites par des sujets à fonctionnement anaclitique de bas niveau et par des sujets parapsychotiques

Thierry : *Oh shit! C'est un petit garçon qui voit quelqu'un ouvrir le cœur d'un autre. Et un autre qui a pus de mains. (?) Le gars qui est en train de se faire ouvrir le cœur meurt.*

Vincent : *Il y a deux docteurs pis un garçon. Pis le docteur ouvre le corps du gars pour enlever ses affaires mauvaises dans son cœur. Le garçon pleure, pleure, pleure, pleure, pis là, à un moment donné, il l'a enlevé, son cœur était pus bon. Il l'a endormi, il l'a coupé ici pis il a mis un cœur nouveau. Pis lui, c'est lui (le garçon à l'avant-plan).*

Le défaut d'intégrité corporelle et le destin funeste de l'opéré sont les caractéristiques qui ressortent de la production de Thierry. Il y a ici, selon nous, deux supports identitaires : le petit garçon qui observe, bien sûr, et celui qui est en train de se faire opérer et qui meurt, une issue qui témoigne de la détresse de ce garçon, de sa difficulté à croire en la possibilité qu'on puisse l'aider à aller mieux. Ce manque de confiance se manifeste également par l'« infirmité » perçue chez l'un des agents de l'opération. Ce manque de confiance peut viser toute personne aidante potentielle, y compris le clinicien, bien évidemment. Quant au support identitaire de Vincent, il se fait « enlever ses affaires mauvaises dans son cœur »; son cœur n'étant plus bon, il en obtient un nouveau. Cette allégorie est probablement liée aux attentes que ce garçon place sur le clinicien qui le reçoit : « sortir de lui » les mauvaises choses qui s'y trouvent et lui donner du cœur ou un « cœur » sain.

Commentaire sur l'ensemble des productions

Comme on pouvait s'y attendre, les réactions à cette planche dans la situation d'évaluation vont dans des directions variées. Chez les œdipiens, deux orientations sont perceptibles : la planche suscite soit un fantasme de parricide, soit l'activation du mouvement castrateur. Chez les sujets de niveau anaclitique phallique, c'est l'anxiété de perte d'objet (plutôt que de castration) qui se profile dans la production donnée face à cette planche. La production des sujets anaclitiques de niveau médian ou de bas niveau laisse voir, quant à elle, une nette demande d'étayage, qui peut exprimer le besoin d'être aidé, protégé, réparé affectivement. Bien évidemment, l'identité du support identitaire va de pair avec l'un ou l'autre de ces résultats : le plus souvent, il est derrière les agents de l'opération ou derrière celui qui fait l'objet de celle-ci; il est souvent également le garçon à l'avant-plan.

Planche 9GF : les deux jeunes femmes au bord de l'eau

La présente planche place le sujet une nouvelle fois devant une scène structurée sur deux plans. À l'avant-plan, une femme, la main droite appuyée sur le tronc d'un arbre, jette son regard dans la direction d'une autre femme qui se déplace sur une plage en contrebas. Elle tient dans sa main gauche un matériel plié (tissu plutôt fin) et, sur celui-ci, ce qui paraît être une pièce de vêtement qu'on ne peut identifier vraiment. L'autre femme, qui semble plus jeune, se déplace à vive allure; en témoignent la position relevée du bas de sa jambe gauche et le fait qu'elle tient soulevé de sa main droite le bas de sa jupe. Elle presse contre sa hanche gauche ce qui apparaît comme une bourse. Est-elle consciente de la présence de l'autre femme? Rien ne permet de le croire comme rien n'interdit véritablement de le penser. La position surélevée de la première femme peut conférer à celle-ci un statut de prédominance, sinon d'autorité. La plupart du temps, ce personnage sera reconnu comme étant la mère ou une figure maternelle.

Élaborations produites par des sujets à fonctionnement œdipien

Klara : *C'est deux, la mère pis la fille; elles s'en vont à leur plage, mais elles ont oublié leur maillot. Faut qu'elles se baignent habillées. Mais la maman ne veut pas. La maman va chercher son maillot. La petite fille se baigne comme ça; la maman, ben, elle se change, pis la petite fille, elle dit : « Moi aussi je veux mon maillot. » La maman, faut qu'elle se rhabille pour aller chercher le maillot de la petite fille. La maman est allée pour rien, parce que la petite fille a froid pis elle veut pas rembarquer dans l'eau.*

Le support identitaire de Klara fait marcher la maman pour rien. Elle manifeste ainsi son désir de s'opposer à elle, une attitude souvent prisée par les petites œdipiennes, qui veulent ainsi manifester leur plaisir à dominer la rivale.

Laure : *Il était une fois, une petite princesse qui vivait dans un château. Elle s'en allait dans une plage. Sa belle-mère la suivait partout. Elle lui disait : « N'oublie pas, quand tu vas rentrer à la maison, il faut que tu fasses le ménage de toute la maison. » (?) Elle va dire… (?) La belle-mère alla le dire au prince d'épouser une autre de ses filles, mais pas elle.*

Lisiane : *On dirait qu'il y a eu deux jumelles. Une qui est super contente, qui essaie de jouer des mauvais coups. L'autre, qui cherche à se venger parce qu'elle est pas contente. La jumelle est cachée, elle bouge pas, elle a des serviettes ou des habits. Y a peut-être un prince, pis comme elles sont habillées pareil, elles cherchent à savoir laquelle est la plus belle et laquelle il pourrait prendre. Elles sont habillées chic; elles ont des talons hauts, des robes. Elles ont l'air de marcher dans de l'eau; ça fait que ça l'a l'air d'être loin.*

Simone : *Il était une fois une jeune femme qui se promenait dans la forêt. Alors, un moment donné, elle décida d'aller faire d'autre chose que de se promener dans la forêt. Elle décide de faire de l'exercice. Elle monte une grosse côte, elle descend la grosse côte et après, elle était pas encore assez essoufflée. Elle monte une grosse montagne, mais fallait que son mari tienne la corde, parce que sinon, elle aurait tombée; elle se serait faite très, très mal. Fin.*

Le complexe de Cendrillon, une allégorie à teneur vraiment œdipienne, habite Laure. Lisiane présente une situation d'affrontement entre deux jumelles dont l'une est son support identitaire, cela va de soi, et l'autre, la mère rivale. L'enjeu de l'affrontement est d'être l'amoureuse du prince (la figure paternelle). La situation de couple qu'évoque Simone est vraisemblablement celle dont elle a rêvé avec son père. Il faut noter le scotome de ce qui pourrait bien être la figure maternelle (l'autre femme). En omettant de prendre cette deuxième femme en considération, la fillette pourrait laisser voir le malaise qui s'est installé en elle par rapport à la figure maternelle. La figure paternelle aimée, qui se profile derrière le mari, lui vient en aide et la protège.

Élaborations produites par des sujets à fonctionnement anaclitique de haut niveau (phallique)

Justine : *La jeune femme qui sert la jeune madame qui va se préparer pour le bal...; elle doit la préparer mieux que ça; elle est fâchée car elle vient juste de se faire renverser de l'eau de la rivière alors qu'elle dansait avec le plus beau garçon. Elle a désobéi; alors c'est pour ça qu'elle s'est fait lancer de l'eau par la plus belle fille du lycée.*

Le support identitaire a quelqu'un qui la sert. La dépendance anaclitique est manifeste, à moins que ce soit de la part de Justine le désir de faire partie des gens prestigieux; de plus, il y a insistance sur des qualificatifs régulièrement valorisés par les sujets phalliques : « le plus beau garçon », « la plus belle fille ». Cette allégorie peut cependant être lue comme mettant en scène un affrontement entre deux camps. La jeune madame ou le support identitaire, d'une part, et, d'autre part, « la plus belle fille du lycée », qui pourrait représenter la figure maternelle rivale, la figure paternelle pouvant se profiler derrière « le plus beau garçon », l'enjeu de l'affrontement. C'est l'un des éléments d'allure œdipienne qui nous a fait hésiter sur la nature du mode de fonctionnement de cette fillette : œdipiennes ou phallique, ou, encore, phallico-œdipienne? Il se pourrait bien qu'elle frappe à la porte de l'œdipe, tout en n'y étant pas tout à fait.

Élaborations produites par des sujets à fonctionnement anaclitique médian

> Charline : *C'est une madame qui habitait dans le bois. À un moment donné, elle était cachée derrière un arbre pis elle regardait une autre madame qui courait. La madame qui courait, elle revenait d'un bal, et la madame dans le bois avait le goût de la tuer parce qu'elle était jalouse. Elle était jalouse parce qu'elle habitait dans le bois pis elle avait rien, pis celle qui allait au bal, elle pouvait tout avoir. Ça fait qu'à un moment donné, à la fin, la madame qui habitait dans les bois, est entrée, pis elle a tué la madame qui était au bal.*

Charline se profile derrière la « madame qui habitait dans le bois », privée de tout (« elle avait rien »). Celle-ci envie « la madame qui était au bal » qui pouvait tout avoir. Elle va jusqu'à la tuer. C'est le frère plus jeune de Charline qui se profile derrière « la madame du bal » et qui est l'objet de sa jalousie. Il importe de noter qu'au contraire d'une œdipienne, qui insisterait sur le « cœur » d'un prince charmant comme enjeu du conflit entre les deux femmes, cette fillette anaclitique met de l'avant le contraste entre celle qui pouvait tout avoir et son support identitaire qui n'avait rien. C'est très exactement le bilan qu'elle dresse de la situation affective de son frère comparativement à la sienne.

> Marilou : *Une fille… une mère et sa fille, à la fin des années 1800, se promenaient sur un bateau. Malheureusement, ce bateau coula et ils se retrouvèrent sur une île déserte. Cherchant leur chemin, elles ne savaient pas où aller. Et c'est ainsi que, encore aujourd'hui, ces deux femmes hantent cette île déserte, nommée l'Île-du-Prince-Édouard.*

Il y a là, selon nous, manifestation du désir d'être seule à tout jamais avec la mère sur une île déserte.

> Cinthia : *La fille à s'en va à l'école pis sa mère à la regarde y aller. (?) Qu'est rendue à l'école.*

Manifestation ici encore du désir d'obtenir l'attention de la mère.

> Régine : *Une femme qui court dans le bois, pis l'autre femme la suit pour lui dire qu'elle a oublié son écharpe.*

Relation de dépendance du support identitaire de Régine avec la figure maternelle.

Élaborations produites par des sujets à fonctionnement anaclitique de bas niveau et par des sujets parapsychotiques

> Mylène : *Ça aussi, ça a l'air d'un film. C'est deux filles qui se sont chicanées. Y en a une qui veut aller retrouver sa sœur. Elle regarde pour voir si elle est plus fâchée pour aller la voir. (?) Elle va pouvoir y retourner. (Pourquoi?) Parce qu'elles s'étaient chicanées ensemble.*

> Sandrine : *C'est une madame qui va laver son linge. Elle le dit à sa fille de ne pas aller à la rivière. Là, elle va laver son linge. Là, elle se cache derrière un arbre, la mère, et elle voit sa fille en train de marcher au bord de la rivière. Là, sa mère l'a fait sursauter, et là, la fille, elle tombe dans l'eau, pis les courants étaient rapides, pis la fille est partie dans le courant pis on l'a plus jamais revue.*

Rivalité anaclitique entre sœurs dans la production de Mylène (compte tenu de ce que nous savons par ailleurs). Dans la production de Sandrine, le support identitaire se noie à cause d'une action inappropriée de la mère; celle-ci n'a pas su protéger sa fille. L'ensemble des analogies produites par cette fillette nous incite à aller dans cette direction pour l'interprétation plutôt qu'à y voir l'expression d'un souhait de mort visant la jeune sœur.

Commentaire sur l'ensemble des productions

De manière générale, la femme courant sur la plage est utilisée comme support identitaire; quant à celle figurant à l'avant-plan, elle est utilisée pour représenter la mère. Une fille campée dans l'anaclitisme médian utilise cette dernière figure comme support identitaire et manifeste son envie de violence à l'endroit d'un membre de sa fratrie qu'elle considère comme plus choyé qu'elle.

Planche 10 : le couple enlacé

Deux personnages se serrent l'un contre l'autre dans une position tendre. S'il n'y a guère de doute possible sur le statut adulte de l'homme, il peut y avoir une certaine indétermination du côté du second personnage. Certes, la manière dont est configurée la tête porte à penser qu'il s'agit d'une femme de la même génération que l'homme. Cependant, la main gauche de ce second personnage peut à la limite laisser penser qu'il s'agit d'un sujet plus jeune, garçon ou fille. Cette ambiguïté ne peut que servir la projection et il est souvent très éclairant de constater dans quelle direction va l'élaboration du sujet.

Élaborations produites par des sujets à fonctionnement œdipien

> Klara : *C'est un papa pis une maman, qui se donnent un câlin parce que le papa s'en va loin en voyage. Pis i' veut pas amener la maman, parce que lui, c'est pour son travail. Pis i' dit : « On va se revoir dans deux semaines. » La maman dit : « C'est trop loin, t'sais. » Le papa dit : « On va s'appeler à tous les jours. » La maman dit : « OK, c'est correct. »*

Nous faisons l'hypothèse que cette fillette se profile derrière la maman de ce couple : elle accepte le départ de son papa, mais à condition qu'il l'appelle tous les jours (les parents de Klara sont séparés).

Philippe : *C'était une fille pis un gars qu'eux autres, i' s'aimaient beaucoup pis qu'à un moment donné, i' fallait qu'i' se quittent parce que le gars, i' fallait qu'il aille à la guerre.*

Lisiane : *Ici, on dirait une vieille dame avec un homme qui s'en va à la guerre pis qui fait ses adieux, parce que s'il meurt à la guerre, i' se reverraient plus. L'homme aide beaucoup la femme dans sa vie.*

Ces deux élaborations expriment le souhait de mettre le papa à distance de la maman. Bien évidemment, il s'agit d'un transfert ou d'une projection sur la situation présentée par la planche de la conquête que chacun de ces trois sujets souhaite de son papa pour les filles et de sa maman pour le garçon.

Simone : *Il était une fois un père et une fille; sa fille disait : « Papa, je m'ennuie très, très, très fort de maman. » Alors son père lui dit : « Ah! Tu pourras jamais pus la revoir jusqu'à temps que tu sois morte. Tu la revois dessus tes photos ou tu la revois dans ton imagination. » Alors, elle était très triste de pus revoir sa mère. Alors, elle a faite ce que sa mère aimait faire. C'était d'écouter un film, de regarder des photos, d'écouter de la musique que sa mère aimait. Tout ça, elle le faisait et elle était rendue comme sa mère quand elle était grande, elle était comme la jumelle de sa mère.*

Il faut se rappeler à propos de cette fillette qu'elle a perdu son père bien aimé d'une manière tragique environ un an et demi avant la consultation : l'allégorie qu'elle donne devant cette planche laisse voir son regret d'avoir perdu son père plutôt que sa mère, car, ici, c'est le père qui est vivant et c'est la mère qui est décédée. Simone raconte très exactement toutes les activités auxquelles elle a recours pour compléter son processus de deuil.

> Béatrice : *C'est deux personnes, une fille… non, un garçon; i' fallait qu'i' aille se coucher. Le garçon voulait pas, mais son père l'a forcé. I' lui a donné un bisou, pis i' est allé se coucher.*

Cette fillette voit une fille d'abord puis un garçon ensuite. Elle change le sexe du personnage à l'avant-plan pour mieux se cacher derrière le garçon (son support identitaire). Il est alors moins compromettant pour elle de manifester son désir de recevoir une marque de tendresse de la part de son papa.

> Jean-Benoît : ++ *Un jour, l'homme et son fils devaient se séparer. Alors ils se sont donné un gros câlin avant que le fils puisse s'en aller loin dans un pays chaud. (Pourquoi?) Parce qu'il fallait qu'i' aille retrouver sa mère, parce qu'elle allait bientôt mourir.*

Les parents sont séparés et le support identitaire va retrouver la mère. Le malaise du projet de conquérir la mère est à la source de la démarche du support identitaire auprès du père dans le but de se rassurer quant à la nature des sentiments de ce dernier à son endroit. L'angoisse de castration se manifeste néanmoins : la mère va bientôt mourir.

> Camille : ++ *Il était une fois un monsieur et une madame qui étaient contents d'avoir eu un petit garçon. (?) ++ Le petit garçon… le petit garçon s'appelait Elliot et après, à 5 ans, il a commencé la maternelle.*

Il y a fort à parier que le couple ici reconnu est celui que formerait Camille avec son papa adoré.

Élaborations produites par des sujets à fonctionnement anaclitique de haut niveau (phallique)

Justine : *Le papa donne un bisou au jeune garçon, qui adore le hockey. Il est triste de faire du hockey. Le père décide de le faire entrer dans son équipe, car il est coach. Le père fait tout pour qu'il entre dans son équipe et le fils réussit, et le père lui donne un bisou pour son talent qu'il réussit à faire.*

Mélissa : C'est un fils et un père qui se disent qu'i' s'aiment. Pis le père dit à son fils qu'il va devenir comme lui, un homme bâti.

Le désir de reconnaissance phallique par le père est exprimé ici de manière assez nette tant par Justine que par Mélissa.

Charles : *Je le sais c'est quoi. C'est deux personnes, qu'une personne on dirait qu'elle est en train de pleurer; elle s'accote sur une autre personne, pis l'autre personne est en train de la caresser.*

Le support identitaire de Charles affiche son besoin d'être appuyé, réconforté. La quête anaclitique est toujours présente chez le phallique.

Fabien : ++ *C'est deux amis qui jouent à dire des affaires les yeux fermés.*

On peut faire l'hypothèse qu'il s'agit d'un jeu au terme duquel l'un (le plus habile, c.-à-d., le support identitaire) va l'emporter sur l'autre. Cette victoire contribuerait à renflouer le narcissisme (secondaire) vacillant, mais pour un temps seulement.

Élaborations produites par des sujets à fonctionnement anaclitique médian

Pénélope : *Sa femme est très malade pis a va mourir dans pas long. C'est leurs adieux.*

Marilou : ++ *Depuis qu'il est tout petit, le père de Marc va à tous les soirs dans sa chambre en lui chantant une berceuse. Même lorsqu'il avait 16 ans, il le faisait encore. Un jour, le père de Marc a été diagnostiqué du cancer. Son état s'est détérioré rapidement. Un jour, il appelle son fils et lui dit qu'il ne lui restait que très peu de temps à vivre. C'est alors que Marc accourut à son chevet à l'hôpital et lui chanta la chanson que son père lui avait toujours chantée.*

Régine : *Il y a une femme désespérée d'avoir perdu son enfant. Son mari la console. Elle l'avait perdu en accouchant. I' était mort.*

Julia : *Une grand-maman qui donne un câlin à son fils. (?) Parce qu'elle a de la peine parce que son mari est mort.*

Marjorie : *Un père qui console sa fille.* ++ *Parce que...* + *elle s'est fait renvoyer de son travail.*

Ces allégories évoquent de façon métaphorique une expérience de perte d'objet vécue ou crainte d'être à vivre éventuellement.

Élaborations produites par des sujets à fonctionnement anaclitique de bas niveau et par des sujets parapsychotiques

Sandrine : *On dirait un bonhomme avec une grande bouche, sauf qu'i' a pas de bouche. Il dit à un garçon, haut et fort : « Le monsieur va te chicaner. » L'enfant lui dit : « Je parlais pas de vous, je parlais de votre bouche. » Là, le monsieur lui dit : « J'ai la bouche comme ça parce que ma mère avait la bouche grande ouverte quand elle a accouché, ça fait que ris pas de moi, petit bonhomme. » Là, le petit bonhomme lui dit : « J'suis pas un petit bonhomme, pour vous dire. Mon père est plus vieux que vous. » Le monsieur dit : « Il a quel âge ton père? » Le petit gars dit : « Je le sais pas, parce que i' est mort juste avant que je naisse et i' avait 85 ans. »*

Thierry : *Yeurk! J'aime pas ça! Une fille qui embrasse un papi. I' s'embrassent tellement longtemps avec la langue qui commençaient à perdre de l'air, à s'étouffer, pis i' meurent à la fin.*

Contenus vraiment singuliers qui soulèvent une impression d'étrangeté.

Commentaire sur l'ensemble des productions

Dans la plupart des cas, quand il utilise l'un des deux personnages de la planche, le sujet fait correspondre son support identitaire au personnage situé à l'avant-plan : celui-ci est identifié comme la fille (amoureuse du papa ou non), le garçon ou l'enfant. Il arrive fréquemment que les deux personnages soient présentés comme formant un couple d'amoureux ou de parents; dans ce cas, il s'agit alors du couple parental dont le sujet (garçon ou fille) voudrait ou craindrait la dissociation, le support identitaire étant alors un personnage hors image.

Planche 11 : le sentier escarpé et périlleux

Cette planche se distingue des autres couramment utilisées par son contenu sinistre, voire angoissant. Un sentier étroit traverse le bas du paysage qu'elle affiche. Sur la gauche de ce sentier, un mur sombre se dresse, d'une hauteur impressionnante. À mi-hauteur de ce mur surgit un être reptilien ou une sorte de dragon, qui avance sa tête presque au-dessus du sentier. Par la position de sa patte palmée bien appuyée sur la façade, cette bête apparaît comme prête à bondir et à mettre le passant aventureux en grave danger. En dessous de la grotte de cette bête s'amoncellent des pierres de différentes dimensions; cet amoncellement laisse croire à la possibilité d'éboulements dévastateurs. L'autre côté du passage donne sur un espace profond de plusieurs mètres, coupant toute possibilité d'évitement ou de fuite latérale. Présence de la bête, éboulement possible et côté droit en chute profonde rendent cette étape du passage particulièrement redoutable. Au loin, au-delà de ce passage périlleux et juste devant un pont qui prolonge le sentier, apparaissent des formes vivantes qui sont habituellement identifiées comme des animaux, gros oiseaux ou bisons (ou bœufs), pour deux ou trois des formes, et comme un être humain, pour une autre. Cet être humain semble collé à l'une des formes animales; par fatigue, par peur, par effort ou par empressement à s'éloigner? Tout dépend de ce que le sujet en évaluation y voit ou veut y voir. Le sentier aboutit, au-delà du pont, devant un édifice de très grande hauteur.

Élaborations produites par des sujets à fonctionnement œdipien

Corine : *C'est l'histoire des chutes d'une île tropicale où habitait un long et majestueux dragon d'eau, qui pouvait nager et voler. Ce dragon était célibataire. Un jour, il vu une gigantesque ombre. Il l'a vue encore deux autres jours. Une journée, elle venait du ciel et le deuxième jour, elle venait de l'eau. Le troisième jour, il ouvrit ses yeux et vit une majestueuse dragonne en train de cueillir des mangues. Finalement, ils se sont mariés et vécurent heureux jusqu'à la fin des temps.*

Il n'est pas difficile de reconnaître que Corine se profile derrière la majestueuse dragonne avec laquelle le majestueux dragon (la figure paternelle) se marie.

Bryan : *C'était dans le temps des Vikings; à chaque année, i' organisaient un genre de défi qui prenait une bande d'hommes qui étaient assez courageux pour aller recueillir une griffe de dragon, pour faire les cornes de viking. I' pourra être chef de tribu, quand le chef va mourir. Pis là, le chef a dit : « Il faut que vous rapportiez la griffe du dragon noir. » Y a un gars qui dit : « Pourquoi i' faut prendre la griffe du dragon noir, pourquoi pas une autre sorte de dragon? – Parce que c'est écrit dans mon livre que c'est le tour du dragon noir. Pis c'est le plus rare de tous les dragons, pis j'ai confiance en vous de trouver une griffe de cette sorte de dragon-là. » Pis là, le gars dit : « Ok, chef. » Pis là, i' va partir. I' amène un livre avec lui, le livre des grands dragons. I' lit à la page des dragons noirs qu'i' se trouvent à la chute de la mort, l'endroit le plus dangereux de la terre. Pis y a plein de volcans partout. I' y vont, i' marchent, i' marchent, 50 km. Pis là, i' [le gars] dit : « Nous voilà à la chute de la mort. Préparez-vous, les gars. » Il y va. I' dit : « Regardez, il y a un pont. Ben tant mieux. » Ils s'en vont sur le pont. Le gars dit : « J'ai une bonne idée : chacun, on s'attache avec une corde avec des pics pour grimper. » I' lance le crochet; ça s'accroche en haut de la chute d'eau. Pis là, chacun se laisse tomber de même dans le vide, pis ils arrivent dans une grotte de l'autre bord de la chute. Pis là, i' voient que le plafond de la grotte bougeait. Eux, i' marchaient tranquillement. Pis à un moment donné, i' ont senti un gros vent par en arrière. Pis i' se demandaient c'était quoi. I' se sont tous retournés, pis encore un gros vent. Pis quand i' se sont retournés, i' ont vu le dragon noir. Y a du feu qui dépassait de ses narines. Pis i' était sauvage avec tout le monde, pis i' mesurait 50 m de long et de haut, comme deux maisons de deux étages de haut. Pis là, le dragon, i' commençait à marcher vers eux. Eux, i' s'enfuyaient. Le dragon court après eux. Pis là, i' sort de la grotte par une autre petite issue; après ça, le dragon avec ses grosses mains, i' est rendu de l'autre bord de la chute. Y avait comme un pont. I' courrait, courrait, courrait, pis le dragon s'est envolé pis i' volait au-dessus d'eux. Le chef de la petite bande a dit : « Attendez, si on s'en va, on n'aura pas notre griffe de dragon. » Tout le monde dit : « C'est vrai. » Pis là, i' dit : « Est-ce qu'il y a quelqu'un qui a encore sa corde d'escalade? » Y en a un qui dit oui. [Bryan se lève debout et mime la situation.] I' fait tourner la corde; la corde s'accroche après les griffes du dragon, pis i' tirent, pis les griffes tombent. I' prennent toutes les quatre. Le dragon a full mal, pis i' leur crache du feu dessus. Un monsieur est mort. Pis un autre. Y en restait deux. Un avec des griffes… non trois. Celui qui avait les griffes dans son sac, i' meurt; l'autre prend son sac; i' part à courir dans son village, pis i' pogne le dragon dans une cage. Tout le monde dit : « Ouais, ouais!!! » Le chef veut voir ce qu'il a rapporté; le gars ouvre son sac et il montre quatre griffes de dragon. Le chef lui dit : « Tu seras le prochain chef. » Le dragon se libère; ensuite, i' pogne dans sa bouche le chef pis i' l'avale pis i' crache du feu partout; toutes les maisons des Vikings brûlent. Le gars se souvient que son père [le chef qui vient d'être avalé] lui a dit que si on ouvrait la griffe d'un dragon noir, il y avait dedans du jus paralysant. I' l'avait cassée en deux, la griffe. Pis i' a lancé le jus paralysant sur le dragon. Le dragon était paralysé. Un an plus tard, le village était redevenu tout comme neuf. Pis celui qui avait les quatre griffes, i' était devenu le chef.*

Comme la précédente, cette production démontre de manière vraiment remarquable le caractère ludique de l'exercice auquel on convie l'enfant quand on lui propose de raconter une histoire à partir de ce qu'il voit dans l'image. Bryan voit la situation comme étant celle d'un affrontement entre deux camps, c.-à-d. celui des gars ou de la bande de gars (le support identitaire) et celui du dragon (la figure paternelle rivale). L'enjeu correspond à la matière précieuse se trouvant dans les griffes du dragon; il nous semble que c'est la position d'amoureux de la mère qui est ainsi représentée. La mère est dans les griffes du « dragon de père ». Le père se profile également derrière le personnage qui initialement est le chef du village, celui qui lance l'opération ou le concours. Cette seconde façon de représenter le père se rapporte aux aspects positifs de la relation du support identitaire avec la figure paternelle, aspects qui ne sont pas touchés par la rivalité œdipienne. Il se trouve que cette seconde figure du père disparaîtra au profit de la première (avalée par elle), le dragon, ce qui laissera le champ libre au vainqueur de l'affrontement (le support identitaire) pour investir la fonction de chef, en possession du matériel jadis contenu dans les griffes du dragon, c'est-à-dire le « cœur » de la mère.

Raphaël : *C'est quoi [pointant les êtres de l'autre côté du pont]? On va dire que c'est des chevaliers. Là, y a un dragon. Des chevaliers montent sur un cheval pour essayer de tuer le méchant dragon. (?) I' vont réussir.*

Didier : ++ *C'est des personnes qui veulent aller tuer le dragon. Parce qu'il a détruit leur village, pis à la fin, i' arrivent à le tuer.*

Ces deux élaborations vont très exactement dans la même direction que celle de Bryan : le support identitaire (les chevaliers pour Raphaël et les « personnes » pour Didier) va réussir à tuer la figure paternelle rivale (le méchant dragon). Dans ces deux productions, nous pouvons considérer que l'enjeu (être l'amoureux de la mère) n'est qu'élidé, puisqu'il est mentionné dans plusieurs autres productions de ces garçons.

Béatrice : *Y avait des chevaux que une personne était dessus, pis fallait qu'i' aillent monter dans les montagnes pour aller voir son père, en haut des montagnes, avec les chevaux. Ca finit que les chevaux étaient pus capables de monter; ça fait qu'il a redescendu tout seul pis il s'est rendu chez lui.*

Voilà une petite œdipienne qui doute de l'issue de sa quête amoureuse du père. Ce dernier lui paraît inaccessible. Elle a peur de devoir rentrer bredouille. On remarquera l'utilisation des « chevaux » comme support identitaire par cette fillette (ce sera aussi le cas de Laure ci-après); cet animal est fréquemment utilisé pour figurer soit le père ou le lien au père, soit le sujet lui-même habité par un amour brûlant pour le père.

Jean-Benoît : *Un jour, une chute d'eau alla dans le mauvais sens et déborda, alors les personnes qui étaient sur le pont, ont tombé en bas, dans l'eau. Le courant était très fort, mais les ambulanciers ont quand même réussi à les sauver.*

Dans la production de Jean-Benoît, le support identitaire est tombé en bas de la chute; il y a là une manifestation du mouvement castrateur, c'est-à-dire évocation du châtiment mérité ou susceptible d'être mérité en raison de l'élaboration du dessein d'écarter la figure rivale. L'action des ambulanciers figure l'intervention heureuse qui est attendue de la part de la psychothérapeute.

Laure : *Il y avait des chevals qui se promènent proches d'une chute d'eau. Un dragon, dans sa caverne les regarda avec l'envie de les manger. Le dragon cracha du feu et les chevals s'enfuirent très vite.*

Gaïa : *Elle est compliquée un peu. C'est des chercheurs qui ont trouvé une grotte, cachée derrière une chute. Pis avant de rentrer, i' ont vu une queue de caméléon géant. I' rentrent vite dans la grotte pour ne pas se faire manger.*

Janice : *C'est des oiseaux qui étaient allés proche d'une chute, pis là, y avait un dragon qui va dans l'eau qui les observaient, pis i' avait le goût de les manger. Pis quand le dragon a essayé de sauter sur eux, les oiseaux se sont envolés.*

La production de ces trois fillettes va exactement dans le même sens que celle de Jean-Benoît. Le dragon ou le caméléon géant représente la figure maternelle rivale. Le support identitaire échappe à la fureur de cette dernière.

Dahlia : *C'est un volcan. Pis i' a explosé. Non. C'était un pont pis i' montaient sur le pont; i' s'étaient pris, i' se jetaient dans le volcan, les personnes. (Pourquoi s'y jetaient-elles?) Parce qu'i' voulaient voir comment c'était chaud. Un dinosaure est sorti. (?) I' a sauté dans le volcan pis il a tout écrasé.*

Cette fillette, qui a produit en 6GF une allégorie pouvant justifier le soupçon d'une situation vécue d'abus sexuel, a devant cette planche une réaction qui nous semble aller dans la même direction : elle se profile derrière les personnes qui, voulant faire l'expérience de la chaleur, sont finalement écrasées par le dinosaure.

Élaborations produites par des sujets à fonctionnement anaclitique de haut niveau (phallique)

Justine : *Au bord de l'eau, il y avait un genre de lézard accroché au mur. Il paraissait comme le mur, de la même couleur, identique. Il avait l'air d'une roche quand il se met en boule. La rivière se met à faire des vagues. Lorsque le lézard se retrouve dans l'eau, il se fait tuer à cause de la grosse vague.*

Charles : Ça ne me fait pas penser à grand-chose. On dirait des chutes. Pis que, comme il y a une petite montagne; pis en haut d'une petite montagne, on dirait qu'il y a comme une bibitte pis on dirait qu'il y a une fin d'avalanche. (?) La bibitte va se faire « effouairer » [écraser].

Dans ces deux élaborations, la figure du grand qui se profile derrière la bête subit un sort fatal. Il est possible qu'en insistant sur la vulnérabilité du grand, Justine et Charles cherchent à compenser leur propre sentiment de faiblesse ou d'absence de puissance.

Francis : *Il y a un dragon et des oies pis des falaises, avec des roches, pis les roches tombent sur les oies. Le pont s'écroule aussi, à cause des roches. Le dragon et les oies sont morts à cause de la falaise.*

Ce garçon voit la situation comme si elle était celle d'un écroulement généralisé – murs, pont – ce qui entraîne la mort de tous les animaux.

Mélissa : *C'est les chutes au Pérou. Y a un homme qui est en train de regarder ce trésor de la nature. Si un jour j'avais assez d'argent pour venir ici, c'est ici que je viendrais vivre.*

Le caractère angoissant de la planche est nié. Le désir d'être comblé narcissiquement est si grand que le support identitaire accepterait n'importe quoi, investissant une situation possiblement dangereuse pour lui de manière exaltée, sans faire preuve de la moindre prudence; celle-ci s'imposerait pourtant.

Kevin : *C'était une chute d'eau. Y avait des roches qui bloquaient un tunnel, pis avec le froid, les roches sont tombées. Pis y avait une espèce de dragon, pis i' voulait manger les oiseaux. (?) I' a pas réussi à cause que les oiseaux pouvaient voler pis lui, i' pouvait juste nager.*

De son côté, Kevin compare les habiletés ou les forces des deux parties qui s'affrontent : les plus petits (le support identitaire) réussissent à s'échapper grâce à leur capacité de voler.

Élaborations produites par des sujets à fonctionnement anaclitique médian

> Régine : *Deux personnes qui traversent un passage qui est creux. Il y a une personne qui tombe pis une personne qui pleure. Après ça, elle revire de bord, la personne qui pleure, pis elle va avertir des personnes. Elle repart sur le chemin doucement pour pas tomber. Après ça, les personnes essaient de sauver la personne qui est tombée; i' descendent avec une corde, pis i' sauvent la personne, mais la personne doit aller voir un médecin. Ils y vont en auto. I' arrivent à l'hôpital puis un docteur la guérit.*

Les deux personnes que Régine reconnaît sont ses supports identitaires, chacune d'elles représentant une tendance ou un côté bien à elle : l'un se met en difficulté et se déprime; l'autre est plus dynamique : il va chercher de l'aide. Les personnes qui viennent à son secours sont les parents qui acceptent de se mobiliser et de donner à Régine davantage d'affection et d'attention. Le médecin est une figuration de la psychothérapeute dont la fillette attend qu'elle la guérisse.

> Marilou : *Oh boy! (+) Je vais m'essayer. Un jour, 2 bisons d'une ferme ont décidé de fuguer parce qu'ils en avaient assez de manger toujours la même chose. Alors ils s'en allèrent. Ne sachant pas où aller, ils prirent un petit chemin qui les mena à une falaise. Ils ne savaient plus où aller. Peut-être qu'encore aujourd'hui, on entend encore le bruit de ces bisons perdus marchant sur cette falaise abandonnée.*

Marilou nous décrit de façon métaphorique son malaise intérieur : le caractère décevant de son milieu familial lui donne envie d'espérer autre chose, ailleurs. Elle a cependant du mal à croire que dans cette voie qui la tente, elle pourrait être comblée. Elle craint de vivre ce que vivent les bisons de son allégorie (son support identitaire) : une revendication affective qui n'en finirait pas de se faire entendre.

> Charline : *C'est une grosse chute, dans un canyon, pis une grosse roche du canyon est tombée sur la main d'une personne. Ça fait que la personne est restée prise là pendant cinq jours. Elle avait une grosse gourde d'eau pis elle avait une chose à manger. Après les cinq jours, le gars a pris un couteau et se l'est rentré dans le bras pour… i' a coupé son bras pour se libérer de la roche. Ça finit de même.*

Cette fillette s'inspire du scénario d'un film qu'elle a vu récemment. Elle a été très émue par cette histoire parce qu'elle a vu dans la situation du jeune homme une description allégorique de sa propre situation affective : coincée, isolée, sans ressources, tenue de s'en sortir seule au prix de gros sacrifices.

> Sabine : *C'est deux chevaux qui courent, parce qu'il y a un animal qui leur court après. Ils se sont sauvés pis l'animal est resté pris. I' s'est pris. Il y avait une roche, un petit trou; i' l'a pas vu, pis i' est resté coincé.*

Sabine insiste beaucoup sur le sort qui est fait à l'animal qui court après les chevaux. Il est permis de penser qu'il s'agit là de son support identitaire, les animaux figurant les parents, particulièrement le père (prégénital), qu'elle décrit par ailleurs comme indifférent ou hors d'atteinte. Elle exprime donc le sentiment d'être laissée à elle-même, coincée dans un trou, abandonnée à son sort.

Pascal : *Y a une pente où il y a de l'eau qui tombe et ça arrose beaucoup de garçons et les garçons ont froid et ont peur.*

Les garçons dont il est question dans cette planche figurent Jacob lui-même, son soi en manque de chaleur et aux prises avec la peur d'être abandonné, de ne pas être aimé, etc. L'eau qui tombe pourrait être une représentation symbolique de la mère inadaptée, insuffisamment aimante, négligeant les besoins fondamentaux de son enfant.

Mégane : *Quelques personnes qui essaient de ne pas avoir d'eau dessus à cause d'une chute. (?) I' vont tomber dans le lac que la chute crée. I' tombent pis sont morts.*

Julia : *Euh! Ben, c'est un pont, pis il y a un cheval qui vivait sur le pont. Il y a volcan qui s'est déclenché pis i' a tout détruit parce que le cheval est mort.*

Ces deux allégories manifestent des sentiments plus désespérés, le support identitaire (« des personnes » pour Mégane et « un cheval » pour Julia) connaissant un destin funeste. Le volcan évoqué par cette dernière pourrait être le papa très impulsif. Ces deux filles ont produit devant d'autres planches des allégories qui ont justifié le diagnostic d'un mode de fonctionnement anaclitique médian.

Élaborations produites par des sujets à fonctionnement anaclitique de bas niveau et par des sujets parapsychotiques

Mylène : *Wow! C'est beau! I' est où, le personnage? C'est un animal qui se promène pour chercher de la nourriture. (?) I' va trouver sa nourriture pis là, i' va aller voir sa famille pour y donner à manger.*

La négation du caractère angoissant de la scène s'accompagne d'une quête affective (orale) de la part du support identitaire (l'animal) et d'un souci de transformer le milieu familial non comblé oralement ou, peut-être même, non comblant ou frustrant.

> Sandrine : *C'est un monsieur et une madame qui habitent dans la jungle. Là, i' vont se promener au bord de la chute. Là, il y a une roche qui tombe sur les deux. I' tombent sans connaissance. Là, les monsieurs qui ont lancé les roches au-dessus de la falaise ont dit à leurs chevaux d'aller les chercher, les deux personnages, et de les lancer en bas de la rivière. Là, les personnes, i' donnent un coup aux bisons... non aux chevaux, et le dragon arrive. I' crache du feu, non de l'eau. Là, i' noie les chevaux, pis les humains en même temps, parce qu'i' aime pas les chevaux qui portent des humains.*

Le support identitaire est le dragon et les parents sont figurés par le monsieur et la madame. Il y a des supports identitaires secondaires : la nature environnante et les « monsieurs » lanceurs de roches. La colère ou la violence qui habite Sandrine se déchaîne sous différentes formes par l'action de ces différents agents et elle vise d'abord et avant tout les figures parentales.

> Vincent : *Quelqu'un a fait de l'escalade. I' restait ça pour arriver au sommet pis quand i' était rendu ici, il a tombé ici; il a retombé en bas; i' a eu une grosse cicatrice; i' a tombé sur le plancher; i' pouvait pus bouger pis ça finit que sa fille est allée voler 200 000 $ pour sauver son père. Elle était capable d'escalader.*

Ce garçon se voit dans ce personnage qui fait de l'escalade, qui tombe, se blesse et devient incapable de bouger. Sa fille (qui, selon nous, figure soit la mère, soit la psychothérapeute) fait l'impossible pour le sauver.

Commentaire sur l'ensemble des productions

Les formes apparaissant au-delà de l'éboulis (juste avant le pont) sont généralement utilisées pour camper le support identitaire, le sujet y voyant soit des humains (hommes courageux, chercheurs, ambulanciers, garçons, etc.), soit des animaux (chevaux, bisons, oiseaux, etc.). Au moins deux sujets ont un support identitaire campé dans un personnage hors image; c'est notamment le cas de la gigantesque dragonne de Corine (œdipienne). Le dragon est, comme on vient de le voir, le support identitaire d'une fillette habitée d'une grande violence à l'endroit des figures parentales.

Planche 12BG : la barque près du cours d'eau

Autant la planche précédente suggérait un paysage inquiétant, angoissant, sombre, autant celle-ci offre une scène calmante, à la luminosité apaisante. Au départ, elle était prévue pour les garçons et les filles seulement, non pour les adultes. Une barque repose sur le sol herbeux près d'une petite étendue d'eau. Elle partage l'avant-plan de la scène avec un arbre à la couronne étendue. Cette planche est l'une des trois à ne pas présenter de personnages, les deux autres étant la 19 et la 16 (planche blanche). En fait, dans la version utilisée pour les enfants, trois des quatre dernières planches ne font apparaître aucun personnage en tant que tel, ce qui n'empêche pas les sujets en évaluation d'utiliser les objets comme support identitaire ou encore, pour cette fin, de mettre en scène des personnages hors image.

Élaborations produites par des sujets à fonctionnement œdipien

Bruno : *C'est une personne qui s'en va dans une rivière. I' se dépose en canot à côté d'un arbre. Le garçon a à peu près 10 ans, pis y se fait capturer, pis c'est tout.*

Médéric : *C'est une barque abandonnée proche de l'eau. Le monsieur la trouve pis i' part avec pour s'échapper. (De qui veut-il s'échapper?) Du village, parce que le village veut le pourchasser.*

Bruno et Médéric nous présentent leur support identitaire comme s'il était un criminel en fuite, ce qui témoigne de l'intensité du sentiment de culpabilité qui les habite.

Guillaume : *C'est dans le bois. C'est un bateau proche d'un lac, presque dans le lac. Sûrement que quelqu'un va aller pêcher avec ce bateau, pis un accident va arriver. Le gars, i' va se noyer parce que ça a l'air d'un bateau usagé, que ça fait longtemps qu'i' est là.*

Le mouvement castrateur qui vise à soulager la culpabilité ou l'anxiété de punition se réalise d'une manière plus brutale dans la production de ce garçon. Toutefois, il se peut que celui qui se noie représente dans ce cas le conjoint de la mère, dont la mort rendrait la mère amoureusement aimée accessible.

Didier : *C'est une chaloupe au bord de la rivière.* ++ *Y avait des personnes dans la chaloupe pis au milieu du lac, i' ont reviré à l'envers. Il y avait 6, pis il y en a 5 qui sont tombés au fond du lac, i' étaient morts, mais l'autre, i' a ramé avec la chaloupe.*

Didier pourrait se profiler derrière l'occupant survivant de la chaloupe. Au contraire des cinq autres, il survit, échappant de peu à la punition qu'il craint ou pense avoir mérité. Il n'est pas à écarter que le support du rival paternel se retrouve derrière les personnes noyées ou l'une d'elles. Il se pourrait également que la personne survivante figure la mère aimée devenue disponible pour lui (ce garçon a réagi fortement en voyant partir ses parents en voyage de pêche alors qu'il avait trois ans).

> Gaïa : *C'est deux amoureux qui arrivent. Ils sont dans une chaloupe. Ils sont sur une grande plaine. Ils s'embrassent et se transforment en arbre avec le temps.*

Dans l'élaboration de Gaïa, la manifestation du mouvement castrateur apparaît plus discrète, mais elle est non moins réelle : elle et son papa œdipiennnement aimé se profilent derrière ce couple d'amoureux; après leur baiser, ils se transforment progressivement en arbre. Autre interprétation possible : cette fillette pourrait soutenir qu'elle accepterait de se transformer en arbre avec son papa plutôt que de renoncer à son amour œdipien pour lui.

> Bryan : *Ça a plus l'air d'un baril coupé en deux ou d'un cercueil ou d'une chaloupe… C'est un petit gars, que lui, le jour de sa fête, i' a eu un lapin. Quand son lapin est mort, i' l'a enterré pis i' a planté un arbre à côté de là où le lapin était mort. Pis là, i' faisait toujours un tour de chaloupe à côté de son arbre. Parce qu'à côté de l'arbre, i' avait une chaloupe. Quand i' se promenait, i' avait toujours le goût de pleurer parce qu'i' s'ennuyait de son lapin. Tout à coup, i' entend un bruit dans le bois et i' se demande c'est*

quoi. Pis après ça, i' voit que c'est un lapin qui ressemble beaucoup à son autre lapin qu'il avait avant. I' s'approche du lapin. Le lapin s'approche. Il l'prend dans ses bras. Le lapin n'est pas méchant, pis i' sont devenus amis.

Dans le prolongement de sa longue allégorie donnée devant la planche 11 (« Les griffes du dragon noir »), Bryan présente un récit centré sur la difficulté d'un petit gars (son support identitaire) aux prises avec un deuil extrêmement difficile : son lapin est mort. Nous faisons l'hypothèse que ce lapin représente l'amour œdipien de la figure maternelle. Il semble avoir réalisé à un certain moment que la quête de cet amour n'allait pas connaître l'aboutissement souhaité. Il n'a cependant pas renoncé pour autant; il espère toujours : la preuve en est bien qu'il a retrouvé un lapin tout à fait semblable au premier. La relation psychothérapeutique en est-elle trop à ses débuts pour qu'on puisse retenir l'hypothèse que le nouveau lapin ne serait rien d'autre que le « cœur » de la psychothérapeute, qui serait l'objet de cette nouvelle quête amoureuse? À ce moment de l'évaluation (2e séance), rien n'interdit de retenir cette hypothèse, d'autant plus que l'arbre tout près duquel est enterré le premier lapin pourrait fort bien représenter la figure paternelle. La suite de la thérapie permettra de voir ce qu'il en est véritablement. Quoi qu'il en soit, l'allégorie présente une teneur incontestablement œdipienne.

Philippe : *C'était une fille qui faisait de la pêche, pis là, elle avait fini. Elle est partie à sa maison, mais elle oublié son canot au bord du lac.*

Il nous semble possible que Philippe soit derrière le canot oublié : la mère ne donne pas résonance à ses sentiments amoureux; elle l'oublie, le laisse derrière elle.

Robin : *C'est une barque qui est dans l'eau. À côté, il y a un arbre. Les amoureux sont en arrière de l'arbre, mais on les voit pas; i' font l'amour, pis après i' embarquent dans leur barque.*

Stimulé par la situation présentée par cette planche, Robin confie à la clinicienne son fantasme d'un rendez-vous amoureux. Il y a fort à parier que l'amoureuse à laquelle il pense est la figure maternelle.

Laure : *Il était une fois un petit canot qui était proche d'un arbre, comme s'il aimait l'arbre. Cette histoire-là se passait au printemps. (?) Il y avait quelqu'un qui l'approchait proche de l'arbre et là, i' était collé sur l'arbre.*

Joanie : *C'était un arbre magique que tout le monde trouvait super beau et à chaque fois qu'il y avait des personnes qui marchaient dans la forêt, elles arrêtaient pour prendre des photos de l'arbre. Et là, à un moment donné, il y a des journalistes qui sont allés dans la forêt et ils ont trouvé l'arbre et il y a un beau canot qui est apparu. Alors là, ils ont pris plein de photos de l'arbre et ils l'ont mis dans le journal et l'arbre est devenu populaire et le meilleur ami du canot.*

Deux petites œdipiennes qui prennent le canot comme support identitaire, le papa étant figuré par l'arbre. Laure cherche la complicité de la maman ou, plus probablement, celle de la clinicienne pour la réalisation de son projet de conquête du papa. Joanie, quant à elle, se fait plus discrète au sujet du même projet amoureux : il n'est question que d'être *amie* avec le papa.

Corine : *C'est l'histoire d'un arbre qui a perdu ses feuilles et d'une espèce de chose en bois pleine de nourriture, comme des fruits, des pêches, des mangues, des ananas, des bleuets, des fraises et des framboises. Partout, il y avait du gazon vert fluo. Pour finir, il y avait un long et majestueux ruisseau avec de l'eau bleu clair.*

Cette allégorie produite par Corine présente une teneur assez semblable à celle de Laure et de Joanie : l'arbre dépouillé de son feuillage (c'est-à-dire esseulé) figure le père; celui-ci apparaît près d'« une espèce de chose en bois » pleine de nourriture et de beaux fruits. Voilà ce qui représente Corine : elle a tout ce qu'il faut, estime-t-elle, pour combler le papa.

Marianne : *Il y a un bateau. Il y a quelqu'un qui a dit qui reviendrait tantôt, à cause qu'i' a un autre gars qui avait dit qu'i' était parti. Pis là, finalement, quand i' est revenu, le garçon était pas là pis le bateau non plus.*

Cette petite œdipienne nous fait part d'un rendez-vous manqué de son support identitaire avec la figure paternelle; elle le met dans la peau d'un garçon pour faire diversion.

Élaborations produites par des sujets à fonctionnement anaclitique de haut niveau (phallique)

Chloée : *Je pense que quelqu'un est en train de grimper dans un arbre. I' est à côté d'un petit lac ou une petite rivière. Y a une chaloupe à côté d'eux pis y a une forêt. (?) Elle va tomber en bas de l'arbre.*

En utilisant le féminin pour désigner le personnage dans la phrase finale, Chloée nous indique qu'il s'agit de son support identitaire. Celui-ci est à la recherche d'un exploit, mais l'initiative entreprise tourne mal. Le manque de confiance en soi typique du phallique se manifeste.

> Francis : *Il y a un canot qui navigue sur une petite rivière, avec un arbre qui chante. Le canot dit à l'arbre que sa voix était très belle.*

Nous faisons l'hypothèse que le support identitaire se trouve derrière l'arbre qui chante. Le canot pourrait fort bien figurer l'un des parents ou les deux; il n'est pas impossible que ce soit la clinicienne, dont Francis attend des encouragements, une reconnaissance phallique.

> Justine : *Il y a des arbres partout avec de la neige. Il y a un bac de pommes parce que les arbres ont tous perdu les pommes. La neige a fait tomber les pommes à cause du vent aussi. Il ne reste plus de pommes, sauf sur un arbre. La moitié de l'arbre fait tomber les pommes dans le seau. Alors la neige a tout sali les pommes et il y en a qui ont toutes été « poquées » [endommagées] quand elles sont tombées.*

Le climat froid et orageux de l'environnement explique pourquoi, de son point de vue, Justine n'arrive pas à produire les résultats qu'on attend d'elle. C'est ce même froid et la dureté du « terrain » qui empêchent sa réussite, la production de beaux fruits. Son support identitaire se trouvant derrière les arbres, cette fillette nous dépeint de manière allégorique sa situation phallique fort frustrante face à ses parents.

Kevin : *Il était une fois, un monsieur qui avait une barque. Le monsieur a voulu grimper dans les arbres, mais vu qu'il était très fatigué, il s'est endormi dans l'arbre et sa barque est restée toute seule. (?) Que le gars s'est endormi pis que personne l'a retrouvé, parce qu'i' jouait à cache-cache avec ses amis.*

Le support identitaire de Kevin joue et l'emporte sur ses concurrents, grâce à de grands efforts (trajet en barque et escalade d'un arbre). Malheureusement, il ne peut savourer sa victoire avec ses amis qui figurent ses proches : ceux-ci ont démissionné de la joute avant de lui reconnaître ses mérites et l'ont laissé à lui-même. Cette allégorie laisse voir la quête d'un comblement narcissique de son auteur et l'échec de celle-ci.

Élaborations produites par des sujets à fonctionnement anaclitique médian

Mégane : *Un canot qui sur le bord d'un lac avec un arbre qui est sur le bord d'un lac. L'arbre y tombe sur le canot. Pis le canot qui était dans l'herbe tombe dans l'eau.*

Pascal : *C'est un canot qui est dans l'eau avec des arbres et que le gazon est haut et que il y a de la neige. Le canot i' est abandonné.*

Maude : *C'est une chaloupe, pis la chaloupe est abandonnée par des personnes pis là, ben, il y a d'autres personnes qui sont venues la mettre sur le gazon pour pas qu'elle s'inonde parce qu'il y avait plein de trous dedans.*

Régine : *C'est une femme qui faisait beaucoup de canot. À un moment donné, elle trouve une autre préoccupation pis a laisse son canot là. Pis elle y va plus pis son canot est tout pourri.*

Marilou : *Un jour, sur le quai d'un petit village, un homme voulut embarquer dans son canot. Mais évidemment il faut embarquer dans le canot avant d'ôter la corde. Il a fait le contraire et le courant a emporté le canot jusqu'à un petit ruisseau où il échoua près d'un arbre, dans la pelouse. Cent ans plus tard, l'homme, alors très vieux, retrouva son canot, échoué sur la pelouse au même endroit où il avait échoué.*

Les élaborations produites par les sujets de ce niveau ont toutes une teneur abandonnique. On peut tenir pour acquis que l'embarcation est le support identitaire. Frappée par l'arbre (divorce des parents ou attitude inappropriée du père), elle va à la dérive, selon Mégane; elle est tout simplement abandonnée au froid et à l'herbe haute, selon Jacob; elle a profité de la bienveillance de gens qui l'ont placée au sec, selon Maude, parce qu'elle était trouée, mais on l'a quand même laissée là sans se soucier de la réparer; Régine laisse entendre qu'il y eut jadis une relation étroite entre le support identitaire (canot) et la femme (la mère), mais celle-ci s'est investie dans quelque chose ou quelqu'un d'autre, laissant le canot-soi se détériorer; quant à Marilou, elle se représente elle aussi par cette embarcation et la description qu'elle fait du destin de celle-ci n'est rien d'autre qu'une présentation métaphorique de sa propre situation de naufragée et de la minceur de son espoir d'être secourue éventuellement.

Sabine : *C'est une petite chaloupe, là. Est-i' seule, là? Elle a pas d'ami. Elle rencontre monsieur l'arbre, pis là, i' sont devenus des amis.*

Cette fillette propose une vision plus optimiste. Elle insiste sur le caractère « petite » de la chaloupe; celle-ci est à n'en pas douter son support identitaire : elle se voit elle-même comme une toute-petite ayant besoin d'être aimée, prise en compte, protégée. Derrière « monsieur l'arbre », c'est le papa prégénital qui se profile. Nous disons bien prégénital, car Sabine a donné à plusieurs autres planches des indices qui interdisent de penser qu'elle pourrait être œdipienne. Elle espère que son père distant va suppléer au manque d'attention et d'affection affiché par la mère à son endroit.

> Charline : *C'est une petite fille qui marche dans le bois. Y avait des loups dans le bois. À un moment donné, la petite fille est allée en chaloupe; elle l'avait trouvée une chaloupe. Elle est embarquée; elle avait vu un loup. Y avait pus personne dans la forêt; elle a pas pu débarquer de la chaloupe parce qu'elle savait pus comment faire de la chaloupe. Le loup a sauté dans la chaloupe et elle s'est faite manger.*

L'élaboration de cette fillette est tout à fait particulière. Le support identitaire (la petite fille) marchait dans les bois où se trouvaient des loups. Pour s'échapper de l'un de ceux-ci, la fillette a embarqué dans une chaloupe trouvée au bord de l'eau. Charline insiste : il n'y avait plus personne dans la forêt; ne s'y trouvaient que les loups. La fuite de la fillette n'aura duré qu'un temps, car elle ne savait pas manœuvrer la chaloupe ni en débarquer. Le loup a alors sauté dans la chaloupe et l'a mangée. Il s'agit là d'une élaboration typique d'une fillette qui a été victime d'abus sexuels.

On aura noté les points de ressemblance avec l'histoire du Petit chaperon rouge, une allégorie dont le sens profond évoque un abus sexuel vécu par une fillette. Nous faisons l'hypothèse que le spectacle du dragon sortant de la muraille sur la planche précédente a provoqué cette quasi-confidence dans un effet d'après-coup.

Élaborations produites par des sujets à fonctionnement anaclitique de bas niveau et par des sujets parapsychotiques

> Sandrine : *C'est un enfant qui va se promener avec une barque sur l'eau. Là, i' va à côté d'un arbre, mais là, la barque part au vent sur l'eau. Le petit garçon, quand i' se retourne, i' voit pus la barque; ça fait que i' peut pus s'en retourner chez lui. Là, i' commence à chercher sur l'eau avec une branche, un gros morceau de branche qui flotte. Pis i' rame pour chercher son bateau. Pendant trois ans, i' l'a cherché. Pis i' a passé en même temps juste côté de chez lui, pis i' est pas rentré chez lui quand même; i' a cherché encore sa barque. Là, i' retourne à l'endroit où il avait été il y a trois ans, i' voit un morceau de bois qui flotte, pis il y en avait deux, trois, quatre, là, i' s'est rendu compte que c'était sa barque.*

Sous plusieurs aspects, cette allégorie se caractérise par des invraisemblances (modalités de recherche, durée, lieu, repérage final de ce qui avait été la barque, celle-ci étant désormais en morceaux, etc.). L'abondance des invraisemblances trahit le caractère métaphorique de la barque, sa fonction essentielle étant de figurer soit la mère, soit la relation à celle-ci. Cette allégorie décrit la quête éperdue de cette fillette pour retrouver celle qui la « portait » et le désespoir qu'elle ressent devant le constat que l'objet de sa quête pourrait n'être plus disponible désormais.

> Thierry : *C'est une demoiselle en détresse avec un bateau. Elle fonce dans un arbre. Le bateau tombe dans l'eau pis elle meurt.*

> Vincent : *Ça, c'est un bateau pris dans la boue. Pis l'arbre s'en va tomber sur le bateau. Pis quelqu'un est allé l'aider à le décoincer pis i' a pris le bateau pis i' a été très loin avec. I' a pêché du poisson aussi. Pis, i' a vu un dinosaure d'eau, un « tyrex », pis i' a bouffé le bateau pis le gars dedans. I' a craché le bateau pis i' a gardé le gars.*

Ces deux dernières élaborations présentent également un contenu marqué par le désespoir, un contenu qui trahit l'incapacité de chacun de ces enfants de croire en une issue heureuse de la situation dramatique qui est la sienne présentement. Chez Thierry, c'est soit la mère qui connaît cette fin tragique (il y aurait là expression d'une grande violence à son endroit), soit le support identitaire de l'enfant, qui, privé d'attention et d'amour, court à la mort. Le support de Vincent est quant à lui derrière celui qui a pris le bateau et qui connaît une fin funeste.

Ces trois élaborations contrastent singulièrement avec le caractère manifestement apaisant de la planche. On peut certainement faire l'hypothèse que l'anxiété réactivée par la situation présentée sur la planche 11 est devenue si intense qu'elle a échappé au contrôle de ces enfants.

Commentaire sur l'ensemble des productions

Devant cette planche qui ne présente pas de personnage comme tel, les sujets empruntent pour se figurer l'une ou l'autre des directions suivantes : évocation d'un personnage hors image, ce qui est le cas du plus grand nombre (plus d'une quinzaine de sujets), et identification soit à l'embarcation (phénomène également fréquent puisque neuf de nos sujets sont concernés), soit à l'arbre (le fait de deux sujets).

Planche 13B : le garçonnet assis sur le seuil d'une porte

Un garçonnet assis sur le seuil d'une porte regarde l'objectif, l'air quelque peu inquisiteur ou peut-être même boudeur ou renfrogné. Il est pieds nus. Le bâtiment présente un aspect plutôt fruste, voire vieillot : de larges pièces de bois se superposent les unes aux autres pour composer la façade à la manière des constructions d'un type ancien dit pièces sur pièces. L'intérieur ne peut être distingué, puisqu'il est dissimulé derrière l'ombre très noire. Le garçon, pour sa part, est en pleine lumière.

Élaborations produites par des sujets à fonctionnement œdipien

Bryan : *Ça a l'air dans le temps des colons français. C'était un petit gars que lui, i' trouvait que sa vie était plate, parce qu'i' avait toujours rien à faire. La seule chose qu'i' aimait faire, c'est sortir sur le bord de la porte pis regarder tout ce qui se passe. Pis là, un moment donné, quand les Anglais sont arrivés, i' était toujours là à regarder, pis i' était plus vieux. I' se demande dans sa tête : « Qu'est-ce que je*

> *pourrais bien faire? Je pourrais aller aider les Français pour vaincre les Anglais. » I' se prend un fusil pis i' y va. Pis là, i voit que les Anglais ont capturé sa mère. Il se met à poursuivre les Anglais. I' voit sa mère; les Anglais l'embarquent dans leur bateau, pis i' s'en vont avec. I' s'en va vite prendre une chaloupe pis i' rame jusqu'au bateau. À côté du bateau, i' grimpe, i' est toujours avec son fusil. I' voit sa mère accrochée au mât. I' était pas content. Pis là, i' voyait combien les Anglais riaient de sa mère et crachaient dessus. À côté de lui, il y a un garde; avec ses doigts, il le paralyse. Après ça, i' prend son costume et i' se déguise en Anglais. I' s'en va attaquer les Anglais pis i' leur tire tous dessus. Le fils de la madame a décidé de détacher la mère. Le capitaine leur demande de quoi il s'agit. La chaloupe n'est plus là, alors ils [le petit gars et sa mère] sautent en bas du bateau pis i' nagent jusque à la terre. Pis i' retournent chez eux.*

Avec sa verve habituelle, Bryan raconte les péripéties de son support identitaire (un petit gars du temps des colons français) dans son affrontement avec les Anglais. Derrière ceux-ci, nous n'avons pas de difficulté à reconnaître le père rival, qui a fait de la mère sa prisonnière. De manière métaphorique, Bryan nous décrit le sort cruel qui est le lot de la figure maternelle aux mains de la figure rivale : elle est accrochée au mât, elle est la risée des matelots, elle est la cible de leurs crachats. Le « petit gars » fait preuve d'astuce et de courage; il parvient à la libérer du joug du père. Ensemble, ils s'enfuient et retournent chez eux sur la terre ferme.

> Kathleen : *Y a un petit gars qui surveille dehors pis i' a l'air inquiet parce que son père est parti loin pis i' est pas revenu.*

Mis à distance du papa aimé œdipiennnement, le support identitaire de Kathleen s'inquiète de son sort. Par lui, la fillette se pose la question : « Me reviendra-t-il? » ou, plus précisément encore : « Donnera-t-il résonance à ses sentiments amoureux? »

> Guillaume : *C'est son petit-fils, son fils, qui en train de regarder dehors; sûrement que son père est parti travailler. Pis sa mère dort dans la maison.*

Dans son allégorie, Guillaume établit discrètement une séparation entre le père rival et la mère aimée. Celle-ci dort dans la maison dont l'entrée est surveillée et protégée par le support identitaire.

> Simone : *Il était une fois un jeune garçon qui s'avait construit une cabane. Elle était tellement haute qu'il avait de la misère. Son père avait promis qu'il allait venir. Il est venu. Le garçon est rentré dans la cabane. Son père avait oublié de faire le toit. Il demande à son père. Ça prend des jours. Quand le toit est fini, il la peinturait toute, mais il s'est trompé de couleur. Il ne la voulait pas rose, mais rouge; son père lui avait joué un gros tour et alors son père devait acheter de la peinture rouge et maintenant il l'avait toute peinturée en rouge.*

Simone se profile derrière le jeune garçon. Ce support identitaire espère le retour de son papa pour l'achèvement de sa maison. Le papa ne le déçoit pas : il revient. Que son papa décédé revienne, c'est ce que la fillette souhaiterait tant. Elle confère à ce papa de l'allégorie le même empressement dans l'agir pour son fils que son propre papa affichait à son endroit quand, de son point de vue, il donnait résonance à ses sentiments amoureux.

Corine : *C'est l'histoire d'une grande maison avec un petit enfant à l'intérieur. Ce petit enfant s'appelait Jérémie. Il avait 5 ans et il vivait tout seul avec son père. Un jour, son père décida de se marier; il épousa une jeune madame qui s'appela Valérie. Finalement, Valérie et son père, qui s'appelait Pierre, faisaient peur au petit garçon (ils faisaient « Bouu! » pour lui faire une surprise) et le petit garçon sauta dans les bras de son père et de sa « mère » Valérie, en fait, pas sa vraie mère.*

Le support identitaire de Corine semble bien être Valérie (même sonorité que son prénom réel; il ne faut pas oublier que Corine n'est pas le prénom réel de la fillette). Par le biais de cette figure, Corine réalise sur le plan imaginaire son rêve de « convoler en justes noces » avec la figure paternelle; elle deviendrait ainsi la maman de l'enfant du père. Elle a elle-même une sœur cadette dans sa famille.

Klara : *C'est un petit enfant qui joue tout seul. I' joue tout seul dehors parce que i' a pas d'ami pis i' est dans une grange. Pis il y a rien que des poules, pis des chats, pis de chevals. Mais son papa, i' veut pas qu'i' fasse du poney parce qu'i' est trop petit. Le petit enfant, i' baboune [boude]. I' veut en faire, mais i' peut pas parce que i' est trop petit.*

Klara est une petite œdipienne non comblée par son papa très amoureusement investi.

Béatrice : *C'est un petit garçon tout seul dehors, qui s'assisait pour attendre son père ou ses amis. Ca finit qu'i' reste longtemps assis, son père ou ses amis sont arrivés en retard; ça fait que c'était long. I' disait que c'était long.*

Cette fillette profite de la présence de ce petit garçon dans la situation pour masquer sa propre identité et exprimer à quel point elle a hâte d'avoir son papa près d'elle; elle évoque les amis simplement pour cacher l'intensité de ses sentiments amoureux pour le père.

> Camille : *Il était une fois un petit garçon qui était triste parce qu'il a manqué son examen de français. Il avait eu une mauvaise note pour son examen de français.*

Quelques semaines avant la consultation, Camille a subi une agression physique. Elle a vécu cet événement comme un châtiment qu'elle a mérité en raison de sa quête intense du « cœur » de son papa. S'identifiant à ce garçon, elle le voit comme devant lui aussi subir un échec à visée punitive.

> Didier : *C'est une petite personne… c'est un enfant qui est triste à cause de sa mère parce qu'elle est morte dans un accident d'auto. Pis à la fin, le marin se trouve une femme pis l'enfant est devenu joyeux à cause qu'i' a une nouvelle mère.*

L'angoisse de castration sous-tend l'allégorie de Didier : il redoute de vivre le sort qu'il reconnaît à ce garçon puni d'avoir trop aimé sa mère; il redoute de subir le même sort. Pour surmonter l'épreuve et sa culpabilité, si cette perte survenait, il lui faudrait souhaiter que son père retrouve une autre amoureuse, lui-même se limitant à être l'équivalent du fils de celle-ci.

> Janice : *C'était un petit garçon qui avait découvert une grange; c'était comme une cabane pour lui. I' avait amené des lits pis des affaires comme ça, pis i' couchait là-bas pis, i' avait invité des amis pour coucher.*

Cette fillette œdipienne peut fort bien cacher son papa derrière les « amis » de ce petit garçon, son support identitaire. Elle vit très mal la prise de distance du père par rapport à sa famille.

Joran : *C'était un petit garçon assis devant sa maison, qui savait pas trop quoi faire en regardant la nature. (?) I' se trouve un ami et i' joue avec dans la forêt.*

Jacob : *C'est un petit garçon qui a rien à faire. Pis i' a l'air pauvre; ça fait qu'i' se cherche un ami. (?) Finalement, i' en trouve un, pis i' s'amusent bien les deux.*

Marianne : *C'est un garçon; i' voit son meilleur ami partir, parce qu'i' déménage dans une autre ville. (?) Finalement, la personne qui vient d'aménager à côté de chez lui devient son meilleur ami.*

Ces trois élaborations ne semblent pas se rapporter à la conflictuelle œdipienne. Elles témoignent néanmoins d'une attitude positive et dynamique devant la possibilité de surmonter sa solitude. Il n'est pas impossible que Marianne fasse référence à une expérience vécue antérieurement.

Élaborations produites par des sujets à fonctionnement anaclitique de haut niveau (phallique)

Francis : *Y a un petit garçon qui tousse dans ses mains et joue de la musique à bouche. (?) La bâtisse dit qu'i' joue bien de l'harmonica. (?) La bâtisse, elle parle.*

À la manière de la bâtisse qui complimente son support identitaire, Francis aimerait bien recevoir une reconnaissance de ses talents et de sa capacité de devenir un grand. Il se peut que la bâtisse figure la mère, comme c'est souvent le cas dans les productions infantiles. C'est une production qui a la même teneur que celle donnée devant la planche précédente.

Justine : *Un garçon regarde dehors dans un balcon. I' fait sombre dans sa cabane. La cabane est en bois. I' a plein de petites poussières sur sa figure. I' meurt de faim... la poussière sur ses vêtements. I' a tellement faim qu'i' pense que ses cheveux pâles sont comme de la crème glacée, vu qu'il a faim.*

Kevin : *C'était un garçon abandonné. I' avait pas de parents, i' essayait de se trouver une maison. I' a trouvé une maison abandonnée. I' s'est assis, pis i' s'est installé là-dedans. Vu qu'i' avait pas de nourriture, i' attendait, i' attendait, i' a enlevé ses souliers, vu qu'i' avait chaud, pis y a personne qui est venu.*

Ces deux productions dégagent une impression de carence (de soins, d'affection, de valorisation), de négligence, d'abandon. Celle de Kevin laisse voir le manque d'espoir que la situation qu'il déplore puisse être surmontée. Les phalliques sont vraiment des anaclitiques, il ne faut pas l'oublier, donc sujets à des épisodes dépressifs.

Élaborations produites par des sujets à fonctionnement anaclitique médian

Marilou : *Une famille pauvre habitait dans une maison pauvre en bois, et son jeune garçon, Pierre, n'avait rien à se mette sous la dent. I' mangeait seulement une fois par jour. I' cherchait de la nourriture jetée aux poubelles, mais la nourriture était rare. Un jour, i' avait plus de nourriture et i' avait plus rien à manger. Donc, i' mourra de faim dans sa maison de bois. Et quelques années plus tard, cette maison prit feu accidentellement. I' resta donc plus aucune trace de ce petit garçon.*

Le support identitaire est présenté par Marilou comme étant privé de l'essentiel, la nourriture étant la représentation symbolique de la chaleur, de l'affection; sa situation est à ce point désespérée qu'il mourra de faim et, même, qu'on ne gardera aucun souvenir de lui. Marilou fait montre ici du découragement qui l'habite par moments au sujet de la possibilité d'être aimée.

Régine : *Un petit garçon qui a perdu ses parents, pis qui est désespéré de trouver personne, pis qui est pauvre. Là, i' cherche de quoi à manger; i' se demande quoi faire. Pis là, i' va voir une maison à côté, pis la maison à côté l'adopte.*

Régine place son support identitaire dans une même situation désespérante, mais celui-ci garde tout de même l'espoir d'être adopté et de voir ses besoins fondamentaux (affection, attention, etc.) comblés.

Julia : *Là, c'est un petit garçon qui est dans son écurie. Pis y a quelqu'un qui est parti avec tous ses chevaux. Pis i' attend que ses chevaux, i' reviennent. (?) I' vont revenir.*

Cette allégorie pourrait paraître œdipienne à première vue; on pourrait en effet soupçonner la présence du papa aimé derrière les chevaux. Cependant, Julia a donné dans trop de productions des signes d'une revendication affective typique de l'anaclitique médian pour que nous ne puissions voir derrière les chevaux (dont son support est privé et qu'elle espère voir revenir) autre chose qu'un parent aimant (une bonne maman anaclitique adaptée) qui peut la porter affectivement et se consacrer à elle en toute exclusivité.

Sabine : *Le petit garçon, i' sait pas quoi faire; i' regarde partout. I' trouve quelque chose. I' est curieux de savoir ce que c'est. C'est un chevreuil; avec des jumelles, i' le voit, pis i' va prendre une photo.*

Sabine s'inspire de la situation de ce garçon, son support identitaire, pour dépeindre sa propre relation avec son papa distant, inaccessible : celui-ci se tient à distance d'elle comme s'il était un animal sauvage.

Pénélope : *C'est un petit garçon tout seul dans… on dirait une cabane. I' est nus pieds. Pis on dirait qu'i' est comme tout seul.*

En décrivant la situation du petit garçon, Pénélope nous livre ses propres sentiments concernant son indigence affective et sa solitude.

Élaborations produites par des sujets à fonctionnement anaclitique de bas niveau et par des sujets parapsychotiques

Sandrine : *Un petit garçon qui nage dans la rivière. I' veut retourner chez lui, parce qu'i' avait froid. Mais là, i' trouvait plus ses souliers. Là, i' va chez lui; i' attend que ses parents i' rentrent. I' attend longtemps, longtemps, longtemps. Après, i' va voir au bord de l'eau comme il faut; il a cherché trois heures; i' retourne chez lui, i' pense à où i' aurait pu les laisser. I' est retourné encore sur ses traces. Pis là, ses parents arrivent. Pis le petit garçon dit qu'i' a perdu ses souliers. Ses parents lui disent qu'i' les ont trouvés avant qu'il revienne de se baigner. Pis qu'i' les ont échangés contre une paire de neuves.*

Sandrine décrit la situation de carence dans laquelle se trouve son support identitaire : manque de chaleur, sentiment d'avoir perdu quelque chose d'important et quête intense pour effacer cette perte. Les parents viennent et comblent le garçon. Cette allégorie trahit la détresse de Sandrine dans sa situation actuelle, mais également l'espoir que ses parents en viennent à se mobiliser pour la combler vraiment sur le plan affectif.

> Thierry : *C'est un petit garçon qui a fabriqué une cabane. Il y a une porte. I' pense à des choses. I' a fabriqué un piège à eau pis i' a tombé dedans. (?) Personne vient l'aider pis en plus, i' est pieds nus et i' peut se rentrer des clous dans les pieds.*

Le support identitaire de Thierry s'est piégé dans ce qu'il a tenté de construire. Personne ne vient à son secours pour le sortir de sa situation de carence et de vulnérabilité. Ce récit s'applique à la réalité intérieure du garçon, qui ne voit personne qui souhaite actuellement l'aider à se sortir de sa situation inconfortable.

> Vincent : *Un petit gars dans une petite ferme. I' regarde c'est quoi qu'i' font, ses parents. Ses parents raclent pis lui, i' fait pas grand-chose. I' s'ennuie de sa belle-mère, de son beau-père, pis c'est tout.*

Vincent raconte que son support identitaire s'ennuie de sa belle-famille. C'est une allégorie qui démontre bien son désir d'avoir des parents qui s'occupent vraiment de lui et qui lui donnent l'affection souhaitée.

Commentaire sur l'ensemble des productions

Comme nous l'avons constaté antérieurement dans les allégories produites devant les planches à personnage unique, le sujet s'identifie le plus souvent à celui qui est présenté. Cette tendance est encore plus marquée ici, probablement parce qu'il s'agit d'un petit garçon. En fait , dans les dix-sept allégories citées, un seul sujet ne pratique pas une telle identification : il s'agit de Corine, une œdipienne, qui exprime le désir d'être la figure maternelle de ce petit garçon alors qu'elle serait en situation de couple avec la figure paternelle.

Planche 19 : le bâtiment sous la tempête

Le paysage présenté dans cette planche peut s'apparenter, au niveau de l'effet recherché, à celui de la planche 11, mais il est moins angoissant que ce dernier. Dans la situation présentée, il y a possibilité d'un abri et il faut voir si le sujet peut imaginer celui-ci confortable ou non, sécuritaire ou non. Ce bâtiment peut être reconnu comme une maison sous une tempête de neige. La configuration des deux fenêtres sur la façade avec ce qui paraît être des rideaux, de même que la cheminée, invite le sujet examiné à le faire. On peut noter que cette cheminée n'a pas de fumée, ce qui, avec la neige souvent évoquée, peut susciter l'idée du froid ou de l'absence de chaleur. Mais on peut également (quoique moins facilement, selon nous) reconnaître un bateau ballotté par une mer agitée et un vent déchaîné. La manière dont se présente le côté droit du bâtiment et la matière en forme de fortes vagues à l'avant-plan peuvent justifier cette interprétation. L'environnement est donc menaçant de toute évidence et l'élaboration que donne le sujet permet de voir comment son support identitaire y réagit.

Élaborations produites par des sujets à fonctionnement œdipien

Klara : *C'est une maison, qui est comme...; il y a plein de neige, pis qui passe au feu. Mais vu que la neige fond, la maison arrête de brûler, pis là, vu qu'il y a des personnages dedans, les personnages sont pas morts, parce que la neige les a sauvés.*

Marianne : *C'est une maison; sa mère est dedans, une mère avec son enfant. Pis là, il y a une tempête de neige dehors. Pis là, i' ont peur. (?) Finalement, le lendemain matin, ça va arrêter pis i' est rien arrivé.*

Dans ces deux allégories, la maison est ou reste un lieu où l'on survit malgré les conditions externes périlleuses (incendie ou tempête). Elle assure la sécurité des occupants dans les mauvaises conditions comme la mère adaptée a su le faire dans le cas de Klara et de Marianne. Il faut selon nous lire ces deux productions comme livrant des manifestations du mouvement castrateur : le support identitaire correspond aux « personnes » pour Klara et à la « mère » pour Marianne; celle-ci s'affiche avec l'enfant qu'elle aurait rêvé (ou rêverait) de donner à la figure paternelle. L'une et l'autre fille échappent au châtiment, mérité, selon elles, en raison de leur désir d'écarter la mère dans leur quête du « cœur » du père.

Renaud : *Un sous-marin s'en va en mer et il se produisit beaucoup de trous, puis le sous-marin s'inonda, mais une pièce s'inonda pas. Et tout le monde était là et c'est la pièce de commande. Il décide de monter à la surface. Car l'eau pouvait passer par les tuyaux d'aération. Puis, il vida le sous-marin d'eau.*

Kathleen : *Y a un bateau qui se promène sur l'eau, pis y a des gens en dedans pis ils ont peur. Ils ont peur que le bateau coule vu qu'il y a une grosse tempête. (?) Ils arrivent à la terre pis i' réussissent à s'en sortir.*

Les productions de Renaud et de Kathleen ont une même teneur, le sous-marin ou le bateau jouant le rôle rassurant de la maison des deux élaborations antérieures. Ici également, il est tout à fait justifié de retenir l'hypothèse d'une manifestation du mouvement castrateur (ou de la présence d'une anxiété de punition) suscité par le désir d'écarter le parent rival, mais aimé malgré tout. Le bâtiment menacé (Renaud) ou les personnes s'y trouvant (Kathleen) correspondraient au support identitaire.

Bruno : *Dieu descend sur la terre, vu qu'il y avait plein de méchancetés, i' a faite une grosse tempête tropicale, pis là, tout le monde s'est renfermé dans leur maison.*

Les méchancetés commises (quête œdipienne et désir d'écarter le père rival) conduisent la figure paternelle vengeresse à se manifester au support identitaire coupable de Bruno, qui s'est mis à l'abri de la figure maternelle (la maison).

Guillaume : *Une maison... non un bateau, un bateau-maison qui est sur l'eau en train de naviguer sur les grosses vagues. Pis les personnes s'amusent dans la maison.*

Jacob : *Ça a l'air d'un bateau qui est dans l'eau. Pis que là, i' amène des gens faire un grand tour. Pis après i' les ramène sur le quai, pis les gens sont heureux, vu qu'i' voulaient tellement faire un tour dans ce bateau-là.*

Il est tout à fait possible, même probable, que la maison, le bateau ou le bateau-maison représente la figure maternelle aimée œdipiennnement qui se rend disponible pour le support identitaire (les personnes pour Guillaume et les gens pour Jacob) et lui donne le bonheur espéré.

Élaborations produites par des sujets à fonctionnement anaclitique de haut niveau (phallique)

Fabien : *C'est des personnes qui sont « pognées » dans une tempête de neige, l'hiver. Ca te dérange-t-i' si c'est dégueulasse? Ma famille et moi, on est allés voir notre famille. On a mangé et ensuite, j'ai reçu de la crotte de mouettes et d'animaux.*

Ce garçon raconte comment les choses n'ont pas tourné à son avantage dans une réunion de famille : il a « reçu de la merde », il le dit d'une manière on ne peut plus explicite. C'est là la tempête évoquée dans la première phrase, tempête qu'il n'a pu éviter, qu'il a subie dans un climat privé de chaleur, avec l'aboutissement que l'on sait : beaucoup de dégâts sur son narcissisme phallique en difficulté.

Chloée : *Je dirais que c'est un tableau de peinture que quelqu'un aurait inventé, alors i' a fait n'importe quoi, mais je le sais pas ce qu'il a inventé.*

Chloée prend de la distance par rapport à la planche. Elle s'esquive, probablement parce qu'elle craint de ne pas être à la hauteur des attentes de la clinicienne, son parent en transfert.

Justine : *C'est quoi l'image? Il y du blanc, du noir, des ronds, du gris, des genres de vagues, des ronds blancs, des ronds gris. Il y a plein de couleurs dans le parc d'amusement.*

Cette fillette fige devant le caractère angoissant de cette planche; elle se réfugie dans la description de certains aspects tels que les couleurs et les formes. Peut-être n'arrive-t-elle pas à gérer sa réaction devant le caractère angoissant de la scène présentée, puisqu'elle affirme qu'il s'agit d'un « parc d'amusement »? Peut-être, à l'instar de Chloée, craint-elle de ne pouvoir élaborer une allégorie suffisamment belle et ainsi risquer de décevoir la clinicienne?

Kevin : *C'était une maison, vu qu'il y avait tellement de vent, les personnes étaient à l'intérieur. Mais la maison, vu qu'elle était en briques, elle résiste au vent. Mais il faisait froid à l'intérieur de la maison, alors les personnes ont décidé d'allumer le feu. (?) I' se sont réchauffés et i' ont pu passer Noël ensemble.*

Ce garçon élabore dans un premier temps sur les conditions externes défavorables (grand vent) contraignant les gens à rester à l'intérieur. Puis, il présente les conditions à l'intérieur : le climat est froid. Il décrit ainsi le climat de sa famille ou, à tout le moins, comment il le perçoit. La suite de son récit laisse voir son désir de voir ce climat changer et devenir comparable à celui fort chaleureux d'une journée de Noël.

> Mélissa : *C'est un vieux tracteur qui a été abandonné dans une forêt. Durant l'hiver, i' était recouvert de neige, pis i' devenait tout rouillé, pis un jour, la famille qui l'avait abandonné est venue le chercher.*

Cette fillette se profile derrière ce tracteur abandonné, laissé au froid par sa famille, allusion métaphorique à son soi en besoin de valorisation et d'encouragement.

Élaborations produites par des sujets à fonctionnement anaclitique médian

> Mégane : *Un coq mal faite... non une maison avec du brouillard par-dessus... non... un train qui roule pis y a des maisons dedans pis qui roulent sur l'eau, comme un train magique. (?) I' avait un ouragan, pis à cause de l'ouragan, le train a calé dans le fond de l'eau et i' a pus de pouvoir.*

La situation que Mégane reconnaît être sienne ou qu'elle craint de vivre est évoquée dans cette allégorie qui met en scène des êtres mal en point : coq mal fait, maison dans le brouillard, train qui, roulant sur l'eau avec une pleine charge, fait illusion. La fillette pourrait vouloir dire : « Je me sens en danger de couler à pic et de ne plus pouvoir m'en sortir. »

> Nicolas : *Un train en hiver. (?) C'est un train, un vieux train, une vieille histoire de train... un train qui roule dans la neige; i' a pogné un crash pis i' a sombré. Y a quelqu'un qui raconte cette vieille histoire.*

C'est exactement le même sens latent (description du soi mal en point) qu'inconsciemment Nicolas donne à son allégorie : il se sent comme ce train qui se déplace dans un climat où la chaleur est absente et qui s'apprête à sombrer.

> Maude : *Han! Ben, c'est une maison, pis là, la maison est dans le désert. Pis là, il y a une grosse chauve-souris, un monstre en arrière, pis là, ben, les personnes regardent; elles essaient de changer de monde, mais ça marche pas. Pis elles sont obligées de rester là parce qu'elles ont pas pu changer de monde. (Qu'est-ce qu'elles auraient aimé changé?) Il y avait tout le temps des chauves-souris; elles trouvaient ça fatigant parce que les chauves-souris détruisaient la maison.*

Adoptant une même position pour décrire son soi en difficulté, Maude se profile derrière ces gens prisonniers de cette maison (située dans un désert affectif) livrée aux attaques des êtres maléfiques qui la détruisent petit à petit.

> Charline : *C'est quoi? C'est une maison qui est abandonnée depuis environ un an. Un jour, la madame, y a une madame qui a trouvé une maison. Est allée habiter dedans, mais y avait déjà quelqu'un.*

Le support identitaire de Charline est la madame en recherche d'un lieu où vivre. Elle arrive dans cette maison, mais malheureusement, celle-ci est occupée; donc, il n'y a pas de place pour elle. Cette allégorie laisse voir que cette fillette estime ne pas avoir sa place dans son milieu familial.

> Pénélope : *C'est un sous-marin? C'est des gars qui ont construit un sous-marin pis i' s'en vont l'essayer dans l'eau. I' vont rentrer dans une grosse roche, pis le sous-marin a faite une fente, pis la plupart... ben toutes sont morts.*

Pénélope se profile, quant à elle, derrière ces gars qui ont construit une embarcation leur permettant d'être portés par la mer (ou la mère...), mais à cause de quelque chose qui se cachait en elle, l'entreprise tourne au désastre : le support identitaire meurt. Difficile pour cette fillette de croire que ses besoins affectifs puissent être comblés.

> Régine : *Une maison qui se fait envahir par l'eau. Ici, c'est le soleil. Les nuages cachent le soleil. La maison est en train de se faire engloutir. Toute. Commence un grand vent; l'eau, à part, pis toute la maison est juste toute pleine d'eau. Pis il y a encore des survivants.*

Le sort dramatique de cette maison est décrit avec suffisamment de relief pour qu'il soit permis de croire qu'elle figure le soi de Régine. Cette fillette a le sentiment qu'elle était en train de se faire engloutir par le chagrin. Est venu un vent libérateur mettant fin à l'engloutissement, sans toutefois chasser complètement le chagrin. Son espoir de survivre est bien réel.

> Sabine : *C'est l'Halloween avec une vieille sorcière. Elle est dans sa maison, pis il y a des enfants qui veulent aller cogner. Pis i' viennent à la maison, i' ont peur et i' vont à une autre maison.*

Il nous semble que le support identitaire est représenté par les enfants à la recherche des bonbons d'Halloween. La figure maternelle est mise en scène sous les traits d'une vieille sorcière qui fait peur et qui donne envie d'aller ailleurs.

> Marilou : *Un jour, une famille qui comptait quatre enfants décida d'aller voir « Monster Trucks » à Montréal. Après une heure de spectacle, un camion très gros s'avança vers la pile de voitures et les écrasa toutes. Malheureusement, le camion pris feu et le chauffeur n'a pas survécu. C'était une horreur pour les jeunes enfants de voir un incendie aussi immense. Ils s'en rappelleront toute leur vie.*

Dans cette allégorie, Marilou nous décrit inconsciemment le drame de la désorganisation qu'a connue sa famille, l'action destructrice du père sur la mère et les enfants, le départ de cet homme de la maison et le désintérêt qu'il manifesta ultérieurement à l'endroit de ses enfants et particulièrement d'elle-même. C'est avec horreur qu'elle a vécu ces événements qu'elle n'arrivera pas à oublier.

Élaborations produites par des sujets à fonctionnement anaclitique de bas niveau et par des sujets parapsychotiques

> Mylène : *On dirait un dessin animé. C'est le soir de l'Halloween; il y a des monstres qui hantent une maison. (?) Les parents vont se réveiller pis ça va leur faire peur pis i' vont s'en aller.*

Mylène voit dans la situation présentée par cette planche une maison hantée par des monstres habités par des parents et également par des enfants (son support identitaire). Elle décrit de manière métaphorique comment elle se sent dans son environnement peuplé, selon elle, d'êtres hostiles. Elle attendrait de ses parents qu'ils la protègent contre eux.

> Sandrine : *C'est un monstre qui se promène dans la forêt. I' rencontre son ami, et là, i' voit, la forêt des gentils. Là, i' décide avec son ami, vu qu'il y a personne au village qui les aimaient, de détruire le village des gentils, pour que les personnes au village puissent les accepter. Pis là, i' ont quasiment réussi, parce que les gentils, eux autres, i' les ont chassés avec leur baguette magique. Pis là, les monstres étaient devenus gentils. Ça fait que quand i' voulaient retourner au village, les méchants les ont attrapés pis i' les ont mis dans leurs donjons. I' ont attendu trois ans. L'effet [de la baguette magique] était parti. Quand i' sont retournés voir dans le donjon, c'était des petits monstres. Leurs parents, i' arrivent, et i' disent : « Les enfants, vous n'avez pas été très sages pour avoir été dans le village voisin; c'était très, très désobéissant. » Le père, i' dit : « Bien, vu que vous avez été désobéissants, restez donc un autre trois ans là-dedans. »*

Nous ferons l'hypothèse que le support identitaire de Sandrine est le ou les monstres (puisqu'ils font les mêmes actions et subissent le même sort). La fillette dirait de manière allégorique : « Je fais tous les efforts pour être acceptée, mais cela ne donne pas de résultats. Même si je les faisais disparaître, mes ennemis reviendraient et ils me feraient souffrir, me diminueraient encore davantage. Et je ne pourrais même pas compter sur le soutien de mes parents pour m'en échapper. »

> Vincent : *Une maison de sorcière. La sorcière fait une grosse potion pour tuer ses ennemis, parce qu'elle était... c'était un humain, une fille; elle s'était déguisée en sorcière pis elle a pris un chaudron pis un chat noir pis c'est son vrai chat noir. (?) C'était pour se défendre contre ses ennemis.*

Ce garçon se profile probablement derrière la sorcière qui met au point une potion pour tuer ses ennemis. « C'était pour se défendre contre ses ennemis », raconte-t-il. Ce garçon nous paraît également être en violence défensive; son environnement est peuplé d'ennemis contre lesquels il doit se défendre.

Commentaire sur l'ensemble des productions

Les productions données devant cette planche vont exactement dans la même direction que celles produites devant la planche précédente : la presque totalité des sujets s'identifient à des personnages hors image; ceux-ci sont soit des sujets à l'aise, en sécurité dans le bâtiment, soit des sujets qui y sont menacés par un environnement défavorable. Quatre sujets s'identifient à des objets plutôt qu'à des personnes : maison envahie par l'eau ou dans le brouillard, tracteur abandonné en forêt, train magique ou train en hiver.

Planche 16 : planche blanche

Devant cette dernière planche, le sujet est invité implicitement à élaborer un peu à la manière de ce qu'il ferait dans le dessin libre aux épreuves graphiques, mais avec plus de liberté encore puisqu'il n'a pas à se soucier de ses habiletés pour le dessin et des limites que celles-ci lui imposent. Il va sans dire que l'expérience vécue antérieurement dans l'épreuve projective, notamment devant les dernières planches, crée un contexte particulier et celui-ci est susceptible d'influer sur le sujet par l'activation de souvenirs, par la production d'idées ou l'expression de désirs ou d'affects. Les élaborations produites vont le plus souvent dans l'une ou l'autre des trois directions suivantes : souvenirs, récit de rêves, allégories.

Élaborations produites par des sujets à fonctionnement œdipien

> Caroline : *Ça va être l'histoire d'un dauphin; il s'appelle Roberto. Au début, il va se coucher et il rêve. L'histoire va se passer dans un rêve. Dans le rêve, il était un prince et il habitait dans le château de corail avec le roi Robert et il organisait un bal pour choisir sa propre fiancée et il y avait plein de belles dauphines qui étaient mauve brillant, mais tout à coup une dauphine qui s'appelait Lola arriva avec un masque rose, car c'était un bal masqué. Roberto l'invita à danser pendant toute la soirée. À un moment donné, elle perdit son masque et il la trouvait si belle qu'il disait que c'était sa fiancée. Et toutes les autres dauphines étaient jalouses. Une semaine plus tard, il se maria avec la princesse Lola et ils eurent plusieurs dauphins. Fin.*

Bien évidemment, Caroline se profile derrière la « dauphine » Lola, le prince étant la figure paternelle. La mère rivale est représentée par les autres « dauphines ». Il importe de remarquer la ressemblance entre le nom Roberto et celui du roi Robert : elle laisse voir que l'un et l'autre désignent un seul et même personnage, c'est-à-dire la figure paternelle. En faisant appel à ce personnage, Caroline cherche à brouiller les pistes pour ne pas inquiéter la figure maternelle et pour cacher son secret à sa psychothérapeute, secret qu'elle n'est pas tout à fait prête à confier à celle-ci. Elle donne une allégorie semblable quant au fond à celle qui raconte le destin heureux de Cendrillon.

> Klara : *C'est une petite fille qui lit, mais faut qu'elle aille prendre son bain; ça fait qu'elle dit : « Non, non, je veux finir mon livre. » Sa maman la chicane : « Non, tu ne finiras pas ton livre. C'est important, faut que tu ailles te coucher, demain tu as un gros examen à l'école. » Elle dit : « Ok, je vais prendre mon bain, mais je vais lire après. » Sa maman dit : « Non, il faut que tu ailles te coucher. » Elle va prendre son bain pis à la fin, sa maman lui donne un petit privilège d'aller lire son livre.*

Le support identitaire et la figure maternelle s'opposent; il y a un compromis qui émerge; le support identitaire obtient finalement ce qu'il veut. Il importe de noter que les œdipiens s'opposent souvent au parent du même sexe : il leur faut montrer qu'ils sont sur un pied d'égalité avec ce parent et non pas son inférieur.

> Laure : *C'est l'histoire d'une petite fille qui s'appelait Julie : c'était ma meilleure amie. En maternelle, on se tenait tout le temps ensemble. Après ça, Julie a déménagé. Après ça, j'ai passé toute ma 1re année sans ma meilleure amie. Pis maintenant, mon amie est revenue. Tellement qu'on est les meilleures amies au monde; on s'appelle les petites sœurs, pis maintenant elle va déménager.*

Cette fillette évoque, selon toute apparence, une situation personnelle vécue ou appréhendée. Cependant, cette situation peut être utilisée à la manière d'une métaphore : le support identitaire a perdu sa meilleure amie (la mère) dont elle aurait souhaité puis imaginé vivre le départ. Après être revenue, cette meilleure amie (la mère) repartirait une nouvelle fois. Il se peut, selon nous, que Laure avoue ne pouvoir s'empêcher de souhaiter le départ de sa rivale œdipienne, qu'elle soit au fond ambivalente entre son désir de la voir quitter le milieu familial et celui de la garder près d'elle. Quoi qu'il en soit, il est permis de croire à tout le moins que des affects liés à l'une des situations puissent être reportés sur l'autre.

> Simone : *Il était une fois une jeune fille qui aimait les chevaux. Alors, elle voudrait faire du cheval, mais elle ne pouvait pas vu que ses parents n'avaient pas le temps. Un moment donné, elle avait fait du cheval toute la journée, vu que ses parents avaient le temps. Elle avait fait du cheval pendant dix jours.*

Il est assez évident que c'est l'amour du papa qui est évoqué derrière ce désir d'aller à cheval; en fait, avant le décès de son père, Simone désirait intensément devenir la vraie cavalière de son papa; elle aimait tellement faire de l'équitation seule avec lui parce que cette activité lui donnait l'impression de l'être vraiment.

> Lisiane : *J'aimerais parler d'une bande dessinée de Lou parce que je l'ai trouvée très intéressante. La fille serait rendue très grande dedans, adolescente. Elle aurait… elle serait assez grande; elle serait pas gênée; elle serait capable d'aller voir le garçon pour lui dire qu'elle aime… À la fin de la bande dessinée, elle montre les trucs de comment elle a faite… j'aimerais ça être à sa place…*

Il est fort à parier que c'est la figure paternelle qui est la cible de sa quête amoureuse, qu'il est celui derrière le garçon à qui elle aimerait dire qu'elle l'aime comme son amoureux.

Bryan : *C'est une histoire vraie. I' fallait aller à l'hôpital pour mon frère, pour remettre des papiers, pis i' fallait descendre par l'ascenseur. Pis j'avais pas vu qu'il y avait une porte de l'autre bord. Maman sort de l'ascenseur, pis moi, je reste pris dans l'ascenseur. La porte s'est fermée, pis j'ai resté tout seul en montant. Des madames ont rentré et me demandaient ce que je faisais là. J'ai dit : « J'ai manqué ma porte. » Après j'ai redescendu en poussant le bouton. Ma mère était super stressée et elle m'a dit : « Donne-moi toujours la main. »*

Il s'agit d'une sortie avec la maman (sans la présence du papa!), sortie qui aurait pu mal tourner. Dorénavant, il faudra marcher main dans la main avec elle. Le petit œdipien est ravi…

Guillaume : *Moi, ma mère, pis mes deux sœurs, on se baignait dans une piscine. Il y avait des tapis de piscine; moi j'ai fait un plongeon, j'ai resté 15 secondes en dessous de l'eau, puis je suis remonté, pis i' y avait un tapis qui m'empêchait de remonter. Ensuite ma mère a plongé et elle est venue me chercher.*

Ici encore, il s'agit d'un événement survenu en l'absence du père : Guillaume a voulu montrer qu'il était un homme (l'homme de sa maman), mais il a frappé un obstacle (castration). La maman l'a sorti du pétrin et l'a sauvé d'un châtiment mérité (à ses yeux).

Philippe : *C'était un monstre; lui, i' voulait jouer avec des personnes, mais tout le monde avait peur de lui, parce qu'i' faisait peur; tout le monde pensait qu'i' était méchant. I' était triste pis i' a décidé de partir de la ville. I' avait 11 ans.*

Ce monstre est le support identitaire : se sentant coupable de souhaiter que la figure paternelle meure ou s'en aille, ce garçon se sent monstrueux, au point de penser à quitter la maison quand il aura 11 ans (il en a 8,5 au moment de l'évaluation).

> Kathleen : *Il y avait un gars qui se promenait en bateau à la mer. I' a demandé à son ami s'i' voulait venir en bateau, pis i' a répondu oui. (?) Pis là, i' sont partis en bateau, pis i' sont arrivés sur une autre terre; i' l'ont visitée, pis i' ont trouvé ça beau.*

Le support identitaire est le « gars qui se promenait en bateau ». Quant à l'ami, c'est le papa aimé qui se profile derrière lui. Les deux amoureux arrivent dans un bel endroit et s'y établissent vraisemblablement. Kathleen produit une fantaisie à teneur œdipienne classique.

Élaborations produites par des sujets à fonctionnement anaclitique de haut niveau (phallique)

> Justine : *Une jeune fille aime un gros, gros chien. Elle décide donc de le caresser sans le prendre. Alors la jeune fille décida d'en acheter un plus petit. De le prendre, mais de le prendre comme si il était debout. Elle va acheter le chien avec son père et décide d'agir en petit bébé pour avoir un poisson. Et son père lui dit : « Non, tu as déjà un poisson bleu et deux chiens et tu vas avoir un ordi pour ta fête; et un iPod et un iPod Touch pour l'Halloween, pour Pâques. »*

Ce désir chez Justine d'être comblée matériellement cache vraisemblablement celui d'être comblée au niveau du narcissisme.

Charles : *Moi, cette semaine, je pratique depuis deux mois un truc que je veux faire en planche à roulettes; j'ai fait plusieurs essais; ça faisait deux ans que je me pratiquais; le dernier coup avant que j'aille souper, je l'ai pas. Après, y a comme une petite marche chez moi. Après le souper, j'y retourne pis je l'ai eu.*

Dans le cas de Charles, il s'agit d'évoquer une réussite devant la clinicienne; il manifeste ainsi son désir d'être reconnu phalliquement par elle.

Kevin : *C'était une fois, un garçon qui allait en bateau. Son père avait tellement tourné sec, qu'il avait plongé jusqu'à l'eau, le fils, par dessus bord. La maman a vu quelque chose qui bougeait, elle a vu que c'était son enfant. Elle l'a ramassé, elle l'a rapporté, elle l'a changé, pis i' ont dîné.*

Le support identitaire est sauvé de l'imprévoyance du père par l'intervention de la mère.

Chloée : *Je suis allée à la boîte aux mille-pattes pour ma fête. J'ai rencontré des gens pour jouer pis je me suis faite maquiller.*

Ce maquillage lui aurait-il permis de donner l'impression d'être une grande fille?

Élaborations produites par des sujets à fonctionnement anaclitique médian

Maude : *Ben, c'est deux petites filles; pis là, elles jouaient; pis là, il y a quelqu'un qui vient, qui demande de jouer avec elles; elles ne veulent pas parce que c'est un garçon. Le garçon les a poussées par terre pis il a pris tous leurs jeux. (?) Pis là, le père des petits enfants va voir le garçon pis le garçon redonne les jouets pis il arrête.*

Maude se profile derrière les deux petites filles. Celles-ci sont victimes d'un garçon qui les agresse physiquement et leur enlève leurs jeux; en faisant intervenir la figure paternelle, la fillette exprime le souhait d'être aidée et protégée.

> Charline : *J'étais dans un magasin pis un monsieur nous avait donné un dollar. On avait été dire à la madame qu'on avait eu un dollar. Elle nous a demandé de qui. On l'avait décrit. Le père de mon amie l'avait décrit. Elle nous avait dit que c'était un agresseur, parce qu'il avait déjà agressé plein de personnes dans les toilettes.*

S'ajoutant à celle donnée en 12BG, cette allégorie peut étayer l'hypothèse que Charline a été victime d'abus sexuels.

> Pénélope : *C'est compliqué. (Elle refuse d'élaborer; je dois y revenir plus tard, puis elle me raconte un cauchemar). Avant, on habitait dans une autre maison et j'ai rêvé qu'il y avait plusieurs méchants. On était le soir pis i' ont rentré dans la maison. I' ont tué mon beau-père. Ma mère nous avait emportées, Sarah, moi pis Jessica, de l'autre bord. On essayait de s'enfuir. On a appelé la police, mais quand elle est arrivée, c'était trop tard; ils étaient déjà partis.*

Ce cauchemar laisse voir le sentiment d'insécurité qui habite Pénélope; cette fille émet le doute que, en cas de difficulté, on soit vraiment capable de lui venir en aide.

> Sabine : *C'est un rêve d'Harry Potter. Je rêvais que j'étais la servante de Voldemort (le méchant). Voldemort était coincé dans un miroir, pis i' fallait que je travaille pour lui et le faire sortir. Fallait que je trouve une façon de le faire sortir; j'avais pas réussi pis i' m'avait tuée.*

Le support identitaire de Sabine est la servante d'un méchant qu'elle n'arrive pas à satisfaire et qui dès lors la tue. L'ensemble des productions projectives de cette fille laisse croire que c'est la figure maternelle tyrannique qui est ainsi visée.

> Marjorie : *C'est un chien avec un cheval. C'est une personne à cheval avec son chien qui se promène à côté. I' s'en vont dans la rue, le chien se fait genre écraser par une voiture, pis la personne est triste, pis elle pleure.*

Marjorie se profile derrière cette « personne à cheval » qui voit son chien se faire écraser par une voiture. Cette perte symbolise la perte d'attention et d'affection subie dans le milieu familial, perte qui est à la source de sa tristesse.

> Marilou : *Il était une fois un petit garçon et une petite fille du nom de Marie et Mario. Ils étaient des jumeaux. Ils avaient une famille formidable, deux chats et un chiot : deux chats aux yeux très perçants et un golden retriever. Un jour, une très belle journée d'été, i' décidèrent de sortir promener leur chien. En ouvrant la porte, leurs deux chats sortis et coururent dans la rue. Au même moment, une voiture noire qui passait par là ne les a pas vus et les a frappés. Le seul chat qui a survécu n'est plus capable de marcher aujourd'hui. Leur autre chat, nommé Boule de poils, n'a pas survécu. Depuis ce jour, ils ont inventé des roulettes sous les animaux pour qu'ils puissent fuir.*

Le support identitaire de cette fillette correspond au couple de jumeaux. Ceux-ci vivaient dans une famille « formidable » avec deux chats et un chien. Derrière les chats qui se font frapper, il faut voir les deux sœurs plus jeunes, qui l'ont privée de la relation exclusive qu'elle avait avec sa mère jusqu'à leur arrivée dans la famille. Il ne fait pas de doute que Marilou veut retrouver une bonne part de la mère anaclitique perdue, souhaitant que l'une des deux meure et imaginant pour l'autre un sort bien misérable. Peut-être cherche-t-elle à se consoler en se disant de celle-ci (la plus jeune, manifestement) : « Si au moins elle était handicapée, je comprendrais que maman s'occupe d'elle autant qu'elle le fait. »

> Mégane : *Je suis allée chez ma tante, parce que ma mère voulait se séparer de papa pis elle voulait pas qu'on les voit se séparer. J'étais avec ma sœur bien sûr. Quand je suis revenue, mon père était pas là; ma mère nous a dit d'aller mettre notre pyjama et de venir s'asseoir sur le divan; après elle nous a dit qu'elle et papa étaient séparés et que le lendemain mon père allait venir chercher ses bagages. Le lendemain matin, mon papa est venu chercher ses bagages; c'était la première fois que je le voyais pleurer. Pis je pleurais aussi pis je me collais beaucoup sur lui; je pensais que j'étais jamais pour le revoir. Pour moi, une semaine, c'était comme un mois, un an…*

Mégane raconte comment elle a appris et vécu la séparation de ses parents, une expérience de perte qui a vraiment bouleversé le cours de sa vie.

Élaborations produites par des sujets à fonctionnement anaclitique de bas niveau et par des sujets parapsychotiques

> Thierry : *C'est un piranha pis un petit garçon. I' s'en va se baigner dans un lac de piranhas. I' lit pas l'écriteau qui dit : « Attention, piranhas. » Pis i' se fait manger l'orteil, les deux jambes, les deux bras, pis les autres piranhas ont mangé le reste.*

L'environnement hostile est représenté par les piranhas qui commettent une attaque funeste sur le support identitaire.

Vincent : *Il y a moi, mon père, Megan, ma mère. On était partis très loin, à Cuba. Pis rendus pour revenir, on a eu un petit problème. On avait oublié l'appareil photo à 100 000 $. On est repartis là-bas pour aller le chercher pis on est restés encore sept jours là-bas avant de revenir.*

Profiter de la chaleur le plus longtemps possible près de parents aimants et attentionnés, voilà quel serait le désir profond de Vincent.

Mylène : *C'est une famille qui se promène pour aller chez leurs grands-parents, pis aller manger une collation; pis après, i' vont retourner chez eux.*

Nous pouvons faire l'hypothèse que le support identitaire de Mylène est l'enfant de cette famille; la fillette exprime son désir de profiter de l'affection et de l'attention de ses parents et de ses grands-parents.

Commentaire sur l'ensemble des productions

Les élaborations données devant cette planche blanche vont dans trois directions, essentiellement : souvenirs, récits de rêve, allégories. Une dizaine de sujets rapportent une expérience personnelle, six autres se projettent dans une situation rêvée ou crainte; les autres sujets produisent une allégorie d'un type assez semblable à celles présentées devant les planches précédentes, c'est-à-dire avec un support identitaire utilisé pour brouiller les pistes pouvant conduire à la reconnaissance de l'identité de celui-ci.

Au terme de cette présentation des planches et des allégories que celles-ci peuvent susciter selon le niveau de fonctionnement affectif de leur auteur, force est de constater ici l'extraordinaire créativité dont les enfants et les adolescents font montre par la nature et la variété de leurs supports identitaires dans les situations présentées par le TAT. À vrai dire, cette créativité n'est pas tout à fait planifiée, elle ne résulte pas d'un choix raisonné; elle découle tout simplement de processus plus ou moins inconscients, ceux qui sont à l'œuvre chez le sujet et qui configurent son monde affectif. La variété constatée dans le « choix » des sujets d'un même niveau de développement et les similitudes observées chez ceux de niveau différent établissent l'importance de tenir compte des actions[10] ou des situations dans lesquelles le support identitaire s'implique ou est impliqué pour dégager le sens de l'allégorie et le rattacher au mode de fonctionnement du sujet. Il ne suffit donc pas de repérer où se trouve le support identitaire dans une allégorie; il faut également tenir compte de ce qu'il accomplit ou subit. Ce point n'est peut-être pas suffisamment mis en relief dans l'approche planche par planche que nous avons pratiquée dans ce chapitre. Dans les deux chapitres qui vont suivre, l'analyse des données va permettre de remédier à cette situation. Notre présentation, qui jusqu'ici a essentiellement été transversale (illustration par des allégories venant

10 On pourrait même ajouter : des intentions d'action.

de plusieurs sujets pour une même planche), va ainsi devenir « verticale », c'est-à-dire faisant place à l'analyse successive des productions données devant les planches par un même sujet.

Chapitre troisième

Analyse de la dynamique affective des sujets dont les citations ont été plus fréquentes

Au fil de la présentation des planches et des allégories produites devant elles que nous avons réalisée au chapitre précédent, nous avons vu se préciser le mode de fonctionnement affectif des sujets évoqués, particulièrement ceux qui ont été fréquemment cités. Afin de donner une vue d'ensemble plus complète de leur dynamique affective, nous croyons pertinent de faire état du résultat de l'analyse des données les concernant. Ce bilan d'évaluation prend essentiellement deux formes. La première correspond à la présentation des résultats faite aux parents, à la direction de l'école ou au médecin (pédiatre ou pédopsychiatre) qui a prescrit l'évaluation. De manière générale, cette synthèse ne comporte pas (ou très peu) de références directes aux allégories produites par le sujet évalué. Sont de ce type, notamment, les trois premières qui suivent ci-dessous : celles de Béatrice, de Bruno et de Bryan. La deuxième forme correspond au compte rendu qui a été retourné au clinicien par le superviseur. Les références aux allégories sont plus explicites et plus nombreuses. De plus, l'analyse déborde les limites des données obtenues au TAT; peuvent être évoqués les allégories fournies dans le ou les jeux spontanés réalisés en séance, celles produites dans l'une ou l'autre des épreuves graphiques (dessin Maison-Arbre-Personnage, dessin de famille et dessin libre) et au Blacky; dans certains cas seront étudiées les réponses données au Rorschach. La majorité des synthèses reproduites ci-après appartiennent à cette deuxième forme, et celles de Simone, de Laure, de Marianne et de Kevin en constituent de bons exemples. Nous estimons que ceux de nos lecteurs qui veulent pousser plus loin leur connaissance des cas présentés ou, tout simplement, vérifier la valeur du diagnostic proposé antérieurement pourront tirer avantage de ces synthèses. Ils pourront dès lors accroître leur maîtrise de l'épreuve[11].

Cas œdipiens

Béatrice (8 ans et demi) : La succession d'enseignantes dans un laps de temps assez court, de même que le manque de savoir-faire et d'assurance de l'une d'elles, qui n'a pu contrer la désorganisation de son groupe, ont placé cette fillette dans une position suffisamment inquiétante aux yeux des parents (baisse des résultats en mathématique, plus spécifiquement en résolution de problème) pour justifier la consultation. Il est révélateur qu'avec cette enseignante, les autres bons élèves n'aient pas maintenu leur bonne conduite. Ces données contextuelles constituent des facteurs de désorganisation dont l'importance ne peut être oubliée dans l'évaluation. Dans ces circonstances tout à fait particulières, en effet, Béatrice a été placée devant le défi de se familiariser avec un nouvel élément, la résolution de problèmes en mathématique; il se trouve

11 On notera que les cas sont présentés par ordre alphabétique à l'intérieur de leur catégorie, celle-ci étant établie par le mode de fonctionnement qui est le leur.

qu'elle n'a pu réaliser ce nouvel apprentissage parce qu'elle n'avait pas la tranquillité d'esprit pour le faire. Habituée jusque-là à donner une performance de haut niveau, elle a vécu et vit toujours cet échec d'autant plus mal. Elle en perd ses moyens, qui, en d'autres temps, étaient facilement mobilisables.

L'influence du contexte n'explique cependant pas tout : il y avait chez Béatrice une certaine vulnérabilité. Il y a dans le matériel projectif des indices d'une préoccupation marquée de sa part de plaire au père et de le satisfaire. Il faut notamment porter attention à ce que la fillette produit en TAT 11 : « Y avait des chevaux que une personne était dessus, pis fallait qu'i' aille monter dans les montagnes pour aller voir son père, en haut des montagnes, avec les chevaux. Ça finit que les chevaux étaient pus capables de monter; ça fait qu'il a redescendu tout seul pis il s'est rendu chez lui. » Son support identitaire est la personne sur les chevaux (ressources mises en action pour rejoindre le père); l'entreprise se transforme en échec. S'ajoute à cela ce que Béatrice produit en 13B : « C'est un petit garçon tout seul dehors, qui s'assisait pour attendre son père ou ses amis. Ça finit qu'i' reste longtemps assis, son père ou ses amis sont arrivés en retard; ça fait que c'était long. I' disait que c'était long. »

Pour Béatrice, avoir de bonnes notes à l'école (troisième souhait exprimé à la fée, question tire du Patte-Noire) revêt une grande importance en vertu des attentes du père sur ce plan : c'est, pour elle, un élément important de sa stratégie pour le conquérir.

À ces données s'ajoute le fait que les parents ont noté qu'elle aime (et qu'elle a toujours aimé) passer du temps avec son père (elle aimait l'accompagner sur les lieux de son travail) et qu'elle dit être « la fille à papa » (alors que sa soeur, sa rivale dans les conflits, serait la « fille à maman »). Ces éléments permettent de préciser la vulnérabilité qui était la sienne sur le plan de la performance scolaire : la crise traversée par le père (sur le plan professionnel) et les réactions d'impatience qu'il a eues à l'endroit de sa fille ont créé une nervosité certaine chez celle-ci en même temps qu'elles ont surélevé le niveau de performance qu'elle devait donner selon elle pour le satisfaire.

Les données produites dans le jeu libre laissent voir que le renoncement au père (comme cible oedipienne) ne semble pas avoir été complété : le roi est certes laissé à la reine (la mère); la princesse (support identitaire), quant à elle, est en relation avec le prince. Cependant, il semble que le père se profile également derrière ce prince et que le roi concédé à la mère ne soit rien d'autre qu'une manoeuvre pour masquer la quête oedipienne, ce qui pourrait expliquer l'intensité du conflit avec la soeur cadette : elles pourraient en effet être en course toutes les deux pour le père. Quoi qu'il en soit, il n'y a pas de doute que le mode de fonctionnement dynamique est œdipien.

Bruno (12 ans) : L'analyse des productions données par Bruno dans les diverses épreuves projectives laisse voir que ce garçon fonctionne sur le plan affectif selon le mode qui est attendu chez un garçon de son âge. Il semble cependant aux prises avec la résurgence d'un conflit pas tout à fait résolu et qui aurait dû l'être bien davantage avant le début de la scolarité. Très attaché à sa mère et désireux d'occuper près d'elle la place du principal confident, voire de l'amoureux véritable, Bruno a ardemment souhaité le départ du père de la maison, et même sa mort. De nombreux indices qui laissent voir l'intensité de ce désir ou de ce souhait subsistent tant dans l'épreuve thématique que dans le jeu libre. La mort violente du père est mise en scène à quatre reprises, ce qui est un fait clinique tout à fait singulier. Dans l'ensemble des productions, la figure paternelle est pourtant présentée par Bruno de façon très positive : il donne des conseils à son fils, il est exigeant à son endroit, mais pas déraisonnablement, il sait lui pardonner et, surtout, il est disponible pour le secourir quand c'est nécessaire. Abondent par ailleurs des productions qui ne peuvent être comprises que comme trahissant la présence d'un lourd sentiment de culpabilité chez les personnages qui représentent Bruno. L'hypothèse que nous retenons, c'est que ce garçon se sent coupable d'avoir souhaité à son père des malheurs qu'il juge terribles. Il vit et se comporte comme si un châtiment impitoyable devait lui être administré pour avoir eu de tels désirs. Il s'imagine que, tôt ou tard, ce châtiment va l'atteindre. Peut-être même pense-t-il qu'il vaut la peine de s'en infliger un lui-même de manière à pouvoir s'en tirer de meilleure façon. Les difficultés éprouvées face aux tâches scolaires, tant à l'école qu'à la maison, témoignent d'une interdiction de réussite qui, très exactement, vise à jouer ce rôle d'autopunition. Il n'est donc pas étonnant qu'il se désole ou même pleure devant un bulletin relativement satisfaisant : à ses yeux, cette réussite annonce ou même garantit en quelque sorte la venue d'un châtiment bien plus sévère qu'il estime être à la mesure de son « crime ». Dans le jeu libre, Bruno se profile derrière deux policiers corrompus qui font l'impossible pour s'emparer des trésors appartenant au père et à la mère. Ces mécréants (présentés comme tels) vont réussir à tuer le père, mais ils ne survivront pas longtemps : ils seront abattus par le shérif et la mère pourra conserver les trésors qu'elle partageait avec le père et qui symbolisaient leur relation amoureuse, l'attachement qu'ils avaient l'un pour l'autre. Ce conflit interne est omniprésent dans les productions projectives du garçon. On peut facilement supposer qu'il mobilise chez celui-ci une énorme quantité d'énergie, ce qui le handicape drôlement là où il doit faire preuve de concentration et d'application.

Bryan (11 ans) : L'analyse des productions projectives démontre que Bryan est doté d'un mode de fonctionnement affectif typique d'un garçon bien portant de son âge. Ce garçon n'a toutefois pas renoncé à être l'homme de sa mère, à la place de son père. Cette ambition secrète est source d'anxiété pour lui : il se sent en situation de « porte-à-faux » vis-à-vis de son papa, pour lequel il a énormément de considération et d'affection. À plusieurs reprises dans les épreuves thématiques et dans les jeux libres, il se fait apparaître comme le sauveur de sa mère (symbolisée ou non) livrée aux mains ou aux griffes d'un être malveillant. Il élabore d'ailleurs ce scénario devant des stimuli qui, habituellement, ne suscitent pas ce genre de réactions. Il arrive quelquefois que la figure paternelle soit sauvée par le support identitaire, comme si Bryan voulait soit se montrer supérieur à elle, soit assouvir la culpabilité qu'il ressent à vouloir s'attaquer à elle pour la déloger du cœur de la mère. Le recours excessif à l'agir vise à calmer ou à contrôler le niveau d'anxiété causée par ce complexe de désirs inavouables et à chasser l'idée qu'une punition méritée de ce fait va finir par lui tomber dessus, à moins que ce ne soit une stratégie inconsciente pour l'éviter (par un châtiment auto-administré moins affligeant à ses yeux). Cette anxiété surgit avec force dans toute situation de nouveauté; Bryan ne peut alors qu'anticiper négativement le déroulement des événements. Une psychothérapie est absolument incontournable. Si rien n'est fait sur ce plan, un désolant gaspillage de talent s'ensuivrait, car on peut affirmer sans craindre de se tromper que ce garçon est vraiment bien doté au niveau intellectuel. C'est également un garçon à la sensibilité très riche.

Didier (10 ans et 5 mois) : L'analyse des données projectives permet de dégager un certain nombre de constats. Sur le plan affectif, Didier a un niveau de fonctionnement qui est celui attendu pour un garçon de son âge : il tient compte dans ses relations de la dimension sexuée des personnes et il fait montre d'une capacité d'attention à l'autre typique d'un sujet qui n'est pas soucieux d'abord et avant tout de mettre au premier plan ses préférences et ses besoins personnels; c'est dire qu'il est capable de réciprocité et d'attention désintéressée à l'autre. Il est capable de reconnaître sa responsabilité dans une situation problématique, capable, donc, de se remettre en question. Parmi les élaborations qu'il a produites, il est facile d'en trouver qui témoignent du sentiment d'être laissé de côté du fait de la relation amoureuse liant ses parents (le dessin de famille) et de son désir d'occuper lui-même le rôle d'amoureux de la figure maternelle. La production donnée dans le jeu libre va dans la même direction : Didier met en scène deux camps qui se disputent la possession d'une princesse; celle-ci sera finalement rendue à celui à qui elle revenait, mais au prix d'une forte somme d'argent. Cette conclusion nous laisse croire que le garçon se positionne dans le rôle du voleur et qu'il n'acceptera de lâcher prise qu'à très fort prix. En termes simples, Didier ne semble pas avoir franchi le dernier pas qui fait normalement partie des défis à relever en ce qui concerne un fonctionnement dynamique tel que le sien : renoncer à être le principal confident et l'amoureux véritable de la figure maternelle. Cette dynamique n'est pas récente, selon nous : elle s'est établie probablement dès les environs du troisième anniversaire du garçon; sa réaction au voyage de pêche des parents à cette époque en témoigne éloquemment. Cette dynamique nous paraît mobiliser le garçon au point de le rendre relativement indisponible pour ses tâches d'apprentissage à l'école et à la maison; c'est elle qui se profile derrière sa difficulté à maintenir sa concentration et à éviter le comportement lunatique. Il se pourrait que la culpabilité inconsciente soit suffisamment forte pour interdire la réussite dans les différentes sphères de sa vie.

Gaïa (8 ans et 9 mois) : Il y a un certain nombre d'élaborations au TAT qui ne peuvent être comprises que comme venant d'une fillette présentant un autre mode que l'oedipien : 2, 4, 7GF, 9GF, 13B. Au fil des deux thématiques, il y a plusieurs élaborations qui évoquent les sentiments amoureux et les manifestations d'affection entre amoureux ou entre fille et père. Ces thèmes révèlent indiscutablement un fonctionnement œdipien. Dans le jeu, Gaïa est derrière la mère des deux enfants coquins; le papa est inaccessible (en prison). Il est surveillé par une femme policière (la mère rivale). Finalement, celle-ci libère le père, qui va dès lors embrasser ses enfants et, surtout, sa femme (c'est-à-dire le support identitaire).

Le conflit œdipien est vraiment ce qui s'agite chez Gaïa; c'est là que se trouve la source de sa difficulté à s'investir dans ses tâches scolaires et ce qui l'amène à pratiquer ce recours excessif à l'agir pour calmer l'anxiété qui en découle. La mère doit tempérer son attitude un peu trop sévère; elle est perçue par Gaïa comme manifestant un esprit vengeur. Il faudrait que le papa soit plus disponible sans pour autant se laisser aller à la séduction. Pour l'instant, il paraît relativement inaccessible. Gaïa est une fillette brillante, d'un niveau d'intelligence qui est au moins dans la moyenne supérieure. La thérapie est incontournable, cela va de soi.

Guillaume (12 ans) : L'analyse des données provenant des épreuves projectives laisse voir que ce garçon ne présente pas de déficit au niveau de son fonctionnement affectif. Autrement dit, il présente un mode de fonctionnement qui correspond à celui d'un sujet de son âge qui s'est jusque-là développé normalement. Cela étant, un certain nombre de données permettent de penser qu'il maintient toujours le rêve d'être le véritable amoureux de sa mère, à la place donc du conjoint actuel de celle-ci et, précédemment, à la place de celui qu'il pense être son père et qui aurait vécu dans la maison depuis ses deux ans, jusqu'à la séparation du couple il y a quatre ans. La mère rapporte d'ailleurs qu'elle et son fils se mirent tous les deux l'un dans l'autre et qu'ils ont une chimie très forte. Guillaume se sent facilement coupable. Il anticipe négativement les événements, comme si un malheur devait immanquablement le frapper. Cette anticipation négative entraîne chez lui un manque de confiance dans ses moyens qui le conduit sinon à l'échec, à tout le moins à un niveau de performance bien en dessous de son potentiel. Le sentiment de culpabilité qu'il porte le rend très vulnérable aux reproches. Son manque de réussite et les critiques qu'il entraîne viennent renforcer le sentiment de dévalorisation, le manque de confiance en soi, le sentiment de ne pas être à la hauteur. Il s'agit en fait d'un cercle vicieux : la culpabilité est confirmée par les reproches; ceux-ci atteignent l'estime de soi, avec comme conséquence l'échec ou le quasi-échec. L'attitude de la figure paternelle (celui qu'on lui présente comme son père) n'aide pas : ou il nie que le garçon vit des difficultés, ou il fait preuve d'une sévérité et d'un manque de soutien à son endroit. Dans le dessin de famille, Guillaume se positionne dans le camp des perdants et dans le dessin libre, il est un gaffeur. Dans l'épreuve thématique, il se projette dans la situation du petit garçon dont le violon est brisé; il faut y reconnaître les sentiments qu'il éprouve devant son propre manque de réussite. Reconnaissant le potentiel de ce garçon, les services à l'élève de son école ont mis en place un certain nombre de mesures d'aide. Ces mesures sont certes indiquées. Elles risquent cependant d'être insuffisantes ou inopérantes si Guillaume ne peut pas profiter d'une psychothérapie. Il faut absolument casser la dynamique qui est à la source du défaut de performance, et ce travail ne peut s'opérer qu'à l'intérieur d'une psychothérapie bien menée. Il est certain que les parents devront corriger certaines d'attitudes, orientés en cela par le psychothérapeute lui-même. Il s'agit là d'un investissement qui vaut vraiment la peine : Guillaume présente un potentiel intéressant et il fait montre de très belles qualités au niveau de son fonctionnement affectif.

Jacob (9 ans et demi) : Dans les deux jeux libres, il y a un affrontement entre deux clans pour un enjeu (diamant et bateau) qui figure l'amour de la mère. Nous devons en effet écarter l'hypothèse que cet enjeu viserait la promotion d'un soi narcissique en besoin d'être renfloué. C'est donc en tenant compte de la nature œdipienne du fonctionnement affectif qu'il faut comprendre les difficultés de l'enfant. Plusieurs données laissent voir une grande anxiété concernant l'état de santé de la soeur. Même si on ne l'a pas mis au courant du caractère à haut risque de cette maladie pour la vie de celle-ci, Jacob semble avoir deviné ce qu'il se passe. Il pourrait avoir déplacé sur sa soeur soit l'idée d'un châtiment qui devrait le viser personnellement, soit celle d'un malheur pouvant frapper la mère aimée. Dans l'un comme dans l'autre cas, l'anxiété en serait bel et bien une de castration. Plusieurs élaborations aux épreuves thématiques peuvent étayer l'hypothèse d'un fonctionnement oedipien et la présence active de ce type d'anxiété. Les parents auraient tout intérêt à mettre Jacob véritablement au fait de la gravité de la condition de sa soeur. Nous n'osons pas imaginer comment il réagirait si celle-ci décédait. Actuellement, il a l'impression d'être tenu en dehors de la situation telle qu'elle se présente réellement. Ce partage pourrait fort bien le motiver à faire des efforts et à mieux se conduire à la maison, d'autant plus facilement si ses parents insistent pour qu'il le fasse compte tenu des risques qui pèsent sur la vie de sa soeur. Il se sentirait impliqué pour la sauver au même titre que ses parents.

Quoi qu'il en soit, Jacob a vraiment besoin d'une psychothérapie. Il n'a toujours pas renoncé à posséder le diamant, qui figure l'amour de la mère; il n'a pas renoncé à l'emporter sur le camp adverse, qui figure le père. Ce renoncement aurait dû être réalisé il y a plus de trois ans. Les réactions d'opposition et de colère sont probablement en lien avec ces situations dans lesquelles le garçon estime qu'on le traite comme un enfant. Il voudrait en effet jouir des mêmes avantages que son père. S'il a pu dire qu'il allait se tuer, c'est à cause de la culpabilité qui le ronge intensément par moments. Les cauchemars et les terreurs nocturnes sont à mettre en relation également avec cette culpabilité à l'endroit de ce père qu'il aime tant. Son désir d'être le meilleur doit être lié au désir d'être aussi bon sinon meilleur que le rival paternel. L'attention qu'il cherche de la mère n'est pas celle d'une mère anaclitique, mais bel et bien celle d'une mère oedipienne dont il voudrait posséder le coeur : l'attention que sa soeur reçoit de cette mère est un exemple à ses yeux de ce qu'il voudrait recevoir de celle-ci.

Joran (10 ans) : Le mode de fonctionnement affectif est incontestablement œdipien. Que le père soit la cible amoureuse, cela nous paraît moins sûr, nettement moins sûr, en dépit des apparences comportementales. Ce qui est frappant dans le cas de Joran, c'est l'intensité du sentiment de culpabilité. Selon notre hypothèse, Joran se sent responsable de la séparation de ses parents (et il espère secrètement une reprise de l'union, ce qui pourrait fort bien expliquer sa résistance à la perspective que le père se lie à une autre femme). C'est cette culpabilité ressentie à l'endroit du père qui, selon nous, est sous-jacente à son très fort investissement de celui-ci. C'est pour calmer cette culpabilité qu'il reste le plus près possible de lui, qu'il lui témoigne son affection avec autant d'intensité. Il faut mentionner qu'il a eu beaucoup de peine après le début de la relation de la mère avec son nouvel amoureux. Cela témoigne de la force de ses sentiments à l'endroit de celle-ci. Cette séparation mère-père est intervenue au moment où le garçon vivait un très fort mouvement identificatoire à l'endroit du père. Le père favorise peut-être excessivement ce mouvement en adoptant une attitude de laisser-aller dans sa relation avec lui. Il est certain que la différence au niveau de l'encadrement d'un parent à l'autre peut être problématique et qu'elle aurait grand avantage à être corrigée grâce à des efforts fournis par les deux parties. Joran profiterait grandement d'une psychothérapie : il est actuellement sous-performant à l'école, ce qui est dommage, car c'est un garçon très brillant. La thérapie devrait lui permettre d'exploiter son potentiel pleinement.

Kathleen (9 ans) : L'analyse des productions données en situation projective (jeu libre, épreuves graphiques et thématiques) permet de dégager un certain nombre de points positifs dans le fonctionnement psychoaffectif de Kathleen. Il ne semble pas y avoir de déficit réel sur le plan affectif lui-même : la fillette présente bel et bien le mode de fonctionnement qui est attendu chez un enfant bien portant de son âge. Cela ne signifie pas toutefois qu'elle soit en mesure de relever les défis spécifiques liés à cette période, notamment celui de devoir renoncer à occuper sentimentalement près du conjoint de la mère la place qui revient à celle-ci. C'est la signification qu'il faut selon nous reconnaître aux tentatives de séduction qu'elle met en place à l'endroit de Mario (conjoint de la mère), qui, actuellement, joue véritablement le rôle de figure paternelle à son égard. Il n'y a pas de doute que le départ de Pierre (ex-conjoint de la mère, qui a joué un rôle important dans le développement affectif de la fillette) a été durement ressenti par elle. On peut le constater notamment par la réaction qu'elle donne devant la scène du petit garçon assis sur le seuil d'une maison : « ... son père est parti loin pis i' est pas revenu. » C'est certainement une excellente chose qu'elle puisse continuer à entretenir des contacts avec Pierre. C'est une relation qui peut l'aider à surmonter la déception qu'elle affiche à l'occasion à l'endroit des figures masculines; celles-ci sont en effet alors présentées comme décevantes ou encore comme enclines à dire des choses inquiétantes. Si Kathleen est dotée d'une assez bonne capacité d'évaluation du réel (perceptible par le caractère adéquat des verbalisations face aux contenus présentés), elle n'en présente pas moins une grande vulnérabilité en ce qui concerne la protection de son intimité et l'usage de ses atouts sexuels dans l'interaction avec les figures masculines. Il est certainement à recommander qu'elle puisse profiter d'une psychothérapie de manière à pouvoir neutraliser les conditions dynamiques sous-jacentes à ces formes d'agir, car celles-ci peuvent compliquer singulièrement sa traversée de l'adolescence et réduire ses chances d'accéder à la maturité.

Klara (9 ans et demi) : Ce qui se profile sous un mode d'être de cette fillette, mode marqué par l'anxiété et diverses peurs, c'est la conflictuelle œdipienne non résolue. Cette hypothèse est particulièrement bien étayée par les données recueillies aux épreuves graphiques et aux épreuves thématiques. Il nous paraît bien évident que la fillette n'a pas renoncé à la conquête de la figure paternelle et qu'elle rêve toujours d'être sa véritable amoureuse. Dans plusieurs productions, la figure maternelle est soit absente, soit mise à distance du père. Dans le dessin de famille, on note que dans un premier temps, c'est le père qui était apparu près du support identitaire (plutôt que la conjointe du père). La figure paternelle est de toute façon omniprésente dans les productions tant graphiques que thématiques et elle joue dans l'ensemble un rôle très positif ou sympathique alors que le personnage maternel apparaît le plus souvent dans un rôle ou dans un contexte conflictuel, en opposition avec le support identitaire, celui-ci manifestant souvent le désir de l'emporter sur elle. Si l'anxiété de l'enfant paraît être d'abandon ou de perte, à première vue, elle est en réalité une anxiété de punition : un mauvais sort pourrait affecter le sujet lui-même (y compris l'interdiction de réussite), ou encore un accident grave pourrait arriver à l'un ou l'autre des parents. Cette anxiété est d'un degré très élevé. Il semble plausible que les difficultés présentées par Klara devant la perspective d'aller au service de garde quand elle est chez le père s'expliquent bien plutôt par son désir de partager ce moment avec lui. Les comportements infantiles adoptés dans la relation avec la mère visent à rassurer celle-ci; ils visent également à rassurer la fillette elle-même. Il y a fort à parier que la soi-disant dépression qu'aurait vécue Klara à 3 ou 4 ans n'était rien d'autre au fond que le début de la mise en place de cette dynamique : l'enfant s'accrochait alors au père et repoussait la mère. Cette dynamique explique également pourquoi, tout récemment, elle a lancé des pommes à la conjointe du père, alors qu'elle aurait, dit-on, une belle relation avec elle. À la manière de ce qui est élaboré dans la planche 10 du TAT, elle se voit inconsciemment comme l'amoureuse du papa qui refuse que celui-ci s'en aille loin en voyage, qui accepte finalement cette éventualité, mais à condition qu'il appelle tous les jours. Il ne fait aucun doute qu'une psychothérapie s'impose pour que le conflit psychique de la fillette puisse se résoudre et qu'elle puisse se réaliser comme elle peut tout à fait bien le faire dans son cheminement scolaire.

Laure (8 ans et 7 mois) : Cette fillette présente un mode de fonctionnement qui est incontestablement œdipien. L'hypothèse qui s'impose, c'est que la longue maladie de la grand-mère (une figure maternelle très significative pour elle) a accentué l'angoisse de castration. Soit Laure a vu cette maladie comme une punition causée par l'intensité de son désir œdipien pour le père, soit elle l'a vue comme une anticipation de ce qui pourrait lui arriver personnellement, compte tenu de ce qu'elle a ressenti et pour le père (désir de possession) et pour la mère (désir de mort). S'il s'avère que le personnage de Mamou est également la grand-mère qui s'est séparée du grand-père, l'effet peut avoir été encore plus accentué. Il est donc probable que la première psychothérapie ait laissé l'enfant dans un état de relatif équilibre, mais que celui-ci ait été rompu par la survenue du premier événement, et peut-être un peu aussi par la séparation des grands-parents. Il faut noter que le père apparaît en premier dans le dessin de famille et qu'il est immédiatement suivi par le support identitaire, la mère et, finalement, la jeune sœur venant ensuite. Le support identitaire est, de plus, dessiné comme identique à la mère. Ce qui se dégage de ce dessin, c'est que tout le monde serait heureux si la mère acceptait de céder à Laure sa relation de proximité avec son mari. Dans le dessin libre, la fillette s'identifie au cœur tête-de-mort, qui peut être lié à son désir inconscient de voir la mère mourir (diable-cœur). Dans le MAP, il aurait été intéressant de connaître l'état d'esprit de la fillette devant le fait que les parents sont partis. On peut penser qu'elle se fait apparaître avec le père dans les deux monstres (qui sont plutôt sympathiques et pas méchants du tout). Devant certaines planches du TAT, Laure a fourni des allégories tout à fait révélatrices. En 4, un couple est en train de danser; la madame est serveuse et le garçon est son client. Celui-ci paie et elle lui rend la monnaie, et la situation débouche sur une rupture. La fillette est-elle en train de nous décrire la relation entre le père et la mère et l'aboutissement qu'elle souhaiterait à son sujet? La relation aurait débuté comme une histoire d'amour, puis celle-ci serait devenue une relation purement financière et, finalement, elle se terminerait par une rupture. Laure se profile derrière la femme qui a reçu des fleurs en 5. En 6GF, la femme refuserait les avances d'un monsieur qui s'approche d'elle et elle le menacerait de faire intervenir la police. Qui se profile ici derrière ce personnage? Il apparaît logique que ce soit la mère, qui ne peut pas et ne doit pas accepter les avances de la figure paternelle. En 7GF, le support identitaire avoue ne pas aimer sa mère. En 9GF, nous avons la planche la plus révélatrice de toutes : la fillette évoque le mythe de Cendrillon, malmenée, espionnée par la figure maternelle qui va jusqu'à dire au prince d'épouser une autre de ses filles, mais pas elle. En 10, on peut penser qu'elle est cachée derrière le petit garçon en train de se coller sur son père; la figure maternelle vient rompre le charme du moment. C'est le même contenu qui surgit en 11 : les chevaux figurant le moi et le père désiré qui doivent fuir le dragon vengeur (mère rivale). En 12BG, Laure exprime le souhait de se coller au papa comme le canot sur l'arbre. En 13B, elle est également derrière le petit garçon qui attend le retour du cowboy (homme à cheval = cavalier = père), celui-ci ayant tout ce qu'il faut pour le combler (100 lézards). En 19, c'est son amour pour le père qui est si fort qu'il fait disparaître le froid (on pense que c'est le printemps comme en 12BG). Malheureusement, le froid se réinstalle une fois la maison consumée.

Lisiane (9 ans) : Léa nous paraît œdipienne pour l'essentiel : c'est ce qu'établit le contenu de son jeu libre (affrontement entre deux camps pour un enjeu clairement identifié). Il est toutefois singulier que cette fillette présente autant d'éléments préœdipiens : elle se montre très sensible aux privilèges dont jouit son frère comparativement à elle, elle souhaite parfois le départ de celui-ci de la famille, elle ressent des affects dépressifs et le sentiment d'être laissée à elle-même; se sentant insuffisamment aimée, elle éprouve le besoin d'être réconfortée, rassurée, retrouvée (tant par la mère que par le père), elle a envie de vivre dans un autre milieu que celui de sa famille et elle décrit son père comme absent. Il y a chez elle un grand besoin d'être aimée, d'être prise en compte. Il faut retenir l'hypothèse que les difficultés qu'elle rencontre avec les pairs proviennent pour une bonne part de la vulnérabilité dans laquelle la place son vécu à la maison : elle pourrait attendre de son milieu social une valorisation qui semble faire défaut dans le milieu familial (nous pensons à son envie d'être une vedette... même non aimée). Il n'est pas à écarter qu'elle se soit repliée sur des positions préœdipiennes après la séparation des parents, tout en conservant une emprise suffisante dans la zone œdipienne.

Marianne (8 ans et 10 mois) : Les informations fournies par les parents laissent voir que Marianne a connu un développement infantile à peu près banal, les acquisitions principales ayant été réalisées à l'intérieur des balises temporelles normales. Si la fillette a été placée en garderie relativement tôt, elle a donné l'impression de s'y être rapidement adaptée et d'avoir toujours éprouvé du plaisir à s'y retrouver. Les relations avec les parents semblent avoir toujours été faciles, celle avec la mère paraissant avoir toujours été plus intense. Cette dernière avoue qu'elle a toujours éprouvé le sentiment de devoir veiller de près sur cette enfant, ayant tellement eu peur de la perdre alors qu'elle était toute petite; ce sentiment a été partagé par le père, mais peut-être ne s'est-il pas traduit chez lui par une attitude de surprotection aussi durable. Au TAT, des élaborations laissent voir la force du désir de réussite (scolaire) de la fillette et sa motivation à surmonter les obstacles. Le thème du vol apparaît inopinément en 4, dans le contexte d'une relation entre une « fille pis un monsieur ». Il est maintenu en 5 : là, c'est la figure (maternelle) qui aurait été victime d'un vol, par « quelqu'un ». Il est assez significatif qu'en 6GF, Marianne produise l'allégorie qu'une madame voit un monsieur, qu'ils peuvent se dire qu'ils s'aiment et qu'ils se marient. Il nous semble incontournable de voir que cette madame est le support identitaire et que le monsieur dont il est question ici n'est nul autre que le père; cette hypothèse nous permet de comprendre ce qui a été dérobé à la figure maternelle en 5, c'est-à-dire la figure paternelle. Cet ensemble d'hypothèses est d'autant plus facile à maintenir que dans la planche qui suit immédiatement (en 7GF), Marianne propose : « C'est une fille pis sa mère; elles sont dans le salon. Pis son père, i' s'en va (...) de la maison pour de bon. » C'est dire qu'elle voit ou désire voir celui-ci s'éloigner de la mère et ainsi devenir disponible pour la réalisation de son propre désir de conquête œdipienne (une fantaisie très fréquente chez les filles aux prises avec un conflit de ce type). Dans la planche suivante, en 8BM, Marianne fournit une élaboration vraiment atypique, mais qui va tout à fait dans la même direction que les précédentes : son support identitaire a dû subir une opération; il y pense et il n'aime pas cela. Il s'agit ici selon toute apparence d'une manifestation du mouvement castrateur consécutif au désir œdipien de s'approprier le père. Il importe de noter que cet amour pour le père est affirmé de façon très ouverte en 10 : « C'est un fils pis son père. Ils se disent qu'ils s'aiment. » Il faut noter que ce fils figure ici Marianne elle-même, qui, derrière la figure du garçon, devient plus à l'aise de faire état de ses sentiments amoureux pour son père. Dans le cours de la même épreuve thématique, la fillette livre à au moins deux reprises sa réticence à s'éloigner de la figure maternelle de peur qu'un malheur n'arrive à l'une ou à l'autre, ou aux deux. Un malheur arrive néanmoins à la dernière planche : la fillette s'est cassé un bras, autre manifestation évidente de l'angoisse de punition (suite à son désir œdipien). On notera dans le dessin de famille que Marianne fait apparaître en premier le personnage qui la représente, suivi immédiatement de celui du père, puis de celui de la mère, comme si la figure paternelle était l'enjeu qui oppose la fillette à sa mère. Le personnage le plus heureux des trois, avoue-t-elle, est elle-même : « Ils s'en vont souper ensemble [...] surtout elle près de son papa [...] » (on notera que, petite fille, elle aimait aller se coucher entre son père et sa mère au début de la nuit). Compte tenu de cette dynamique, le sens des difficultés de Marianne devient évident. Cette fillette vit un véritable conflit d'allégeance avec sa mère : d'une part, elle voudrait (a voulu depuis longtemps) devenir la véritable amoureuse de son père; d'autre part, cette mère s'étant montrée si attentionnée, si dévouée à son égard, si présente dans sa vie, si proche d'elle, comment peut-elle penser lui faire un coup pareil? D'où la présence d'une culpabilité, qui se traduit dans les faits par une interdiction de réussir aussi bien qu'elle le devrait ou le pourrait et, de façon générale, par la perspective entretenue qu'un châtiment mérité va finir par lui tomber dessus. Marianne mobilise beaucoup d'énergie mentalement pour la gestion de ce conflit et cette énergie lui fait cruellement défaut pour la réussite de sa progression scolaire et la réalisation de ses travaux. Une mise en psychothérapie s'avère incontournable pour lui permettre de sortir de cette impasse; sans une telle démarche, cette fillette pourrait bien n'être jamais en mesure de faire justice à son potentiel. Selon toute vraisemblance, compte tenu de la qualité du niveau de fonctionnement déjà atteint, cette intervention psychothérapeutique n'aura pas besoin d'être bien longue.

Philippe (8 ans et demi) : L'analyse des productions données en situation projective laisse voir que ce garçon présente le mode de fonctionnement affectif qui est attendu chez un garçon bien portant de son âge. Toutefois, ces mêmes données permettent de constater que l'élan maturatif est en panne; il se trouve en effet que le garçon n'arrive pas à relever le défi essentiel de son niveau de développement : il ne s'est pas résigné à renoncer au projet d'être celui qui est le plus proche de sa mère, son meilleur confident et celui qu'elle aime le plus, même plus que son père. Le maintien de ce projet de conquête mobilise beaucoup d'énergie chez lui, ce qui empêche l'attention et la concentration dans l'accomplissement des tâches d'apprentissage. Philippe performe dès lors selon un niveau qui est nettement en deçà de son potentiel réel. Cette situation d'échec a des effets sur la confiance en soi et l'estime de soi, effets qui empêchent pratiquement l'investissement scolaire. Cette dynamique est particulièrement évidente dans les matières qui exigent beaucoup de concentration : mathématiques et français. Du fait de son projet de conquête du cœur de la mère et de son désir d'évincer le père, Philippe lutte avec un sentiment de culpabilité de forte intensité (il se voit comme un être monstrueux). Nous pouvons d'ailleurs poser l'hypothèse que c'est en grande partie cette culpabilité qui l'accule à l'échec, celui-ci étant perçu par lui comme un châtiment mérité. On ne peut espérer que cette dynamique se décante d'elle-même, ni qu'elle soit neutralisée par le recours au Biphentin ou à tout autre psychostimulant. La psychothérapie est incontournable. Cette démarche devra s'accompagner d'un certain nombre de modifications dans les attitudes des parents sous la guidance du psychothérapeute.

Simone (9 ans) : Simone a vécu une expérience dramatique dix-huit mois avant la consultation : alors qu'il était ivre, son père s'est tué en jouant avec sa carabine. Il est évident que cette fillette est encore sous le coup du grand chagrin consécutif à la perte de son papa aimé et désormais idéalisé. Dans le Maison-Arbre-Personnage (MAP), elle se fait apparaître comme ne pouvant entrer dans sa maison, celle-ci étant désormais perçue comme trop petite : elle laisse ainsi voir l'impossibilité de revenir en arrière, de revenir à l'époque où, petite, elle pouvait vivre dans sa maison avec le papa. Le soleil (le père habite maintenant le ciel) va venir lui construire une maison adaptée à ce qu'elle est devenue, une maison peinte en rose (sortie souhaitée de sa tristesse), et lui faire pousser un arbre pour qu'elle puisse se rappeler le papa perdu. Dans le dessin de famille, parents et enfants sont mis en scène en train de faire une marche. Un conflit éclate entre le père et la mère au sujet de la direction à prendre : la mère laisse Simone choisir (elle lui cède donc sa place) et celle-ci opte pour qu'on aille dans la direction souhaitée par le père, mais une tempête s'ensuit (mouvement castrateur). Dans le dessin libre, Simone fait apparaître l'objet d'une grande passion qu'elle partageait avec son père; il s'agit d'un cheval, plus précisément, le cheval de ce dernier (« Playboy »). Au TAT, en 2, Simone ne va pas au-delà de la fille aux livres : on peut penser qu'elle s'est interdit de parler du laboureur, du cheval et de la femme adossée à l'arbre, à cause du malaise que crée la présence de cette femme figurant la mère rivale. En 3, c'est l'état actuel du moi qui est évoqué et décrit. En 4, Simone manifeste le désir de faire revive le père (ou de nier sa mort). En 8BM, elle laisse voir tout ce qu'elle ferait pour que le père revive, cet « homme très beau » dont elle était si amoureuse : elle serait prête à faire un marché avec l'amie du diable. En 12, le requin qu'elle met en scène est vraisemblablement une représentation métaphorique du chagrin qui la ronge depuis le décès du père; ce chagrin l'empêche vraiment d'être heureuse et de profiter de la vie. En 19, elle pourrait évoquer l'état de délabrement dans lequel elle se sent intérieurement (moi privé de chaleur, de « courant », de vie). Dans le jeu libre, la figure paternelle se trouve derrière le grand frère qui « fait faire du cheval » au support identitaire. Il faut remarquer l'apparition du mouvement castrateur : le support identitaire tombe en bas du cheval. Il n'est en rien étonnant d'entendre Simone affirmer qu'elle aimerait travailler avec les chevaux plus tard : ce serait une manière pour elle de retrouver le papa perdu. Il est manifeste que le travail du deuil n'est pas achevé, la tristesse étant encore très vive. Il nous semble assez évident que sans une psychothérapie, la situation difficile de cette fillette risque de se prolonger. Le déficit qu'elle affiche au niveau scolaire ne pourra pas, lui non plus, être surmonté.

Cas à fonctionnement anaclitique de haut niveau (phallique)

Charles (9 ans) : Les données produites pendant l'évaluation laissent voir que Charles ne présente pas à ce moment-ci le niveau de fonctionnement affectif qui devrait être le sien compte tenu de son âge. Il se présente essentiellement comme un enfant plus jeune, en besoin de protection et d'attention. Il n'est cependant pas à exclure que les troubles de santé de sa mère et son hospitalisation relativement longue, ainsi que le cadre que lui ont offert ses grands-parents pendant l'absence de la mère, l'aient conduit à se replier sur des bases développementales moins avancées. Il y a en effet des éléments qui laissent croire qu'il n'est pas très loin de l'étape où il devrait être normalement; parmi ces éléments, il faut signaler la capacité de réparation et celle de penser à s'occuper d'une personne en difficulté. Les problèmes de santé de la mère ont laissé chez Charles des séquelles qui sont toujours actives. Il ressent toujours l'angoisse de perdre cette personne qui est si importante pour lui. Il présente par ailleurs une difficulté à se voir dans un monde de grands (sauf dans les activités sportives sans compétition, et quand il s'agit de protéger la figure maternelle) et en mesure d'affronter les défis normaux pour un garçon de son âge. Il lutte très souvent avec le doute qu'il peut être bon, efficace, compétent. Il est fort possible que la relation peu intense avec le père et également l'attitude infantilisante ou de laisser-aller des grands-parents aient contribué à établir ce doute chez lui. Il y a cependant beaucoup de points positifs dans son fonctionnement affectif, il convient d'insister là-dessus. C'est un garçon qui entre en relation avec l'adulte de façon tout à fait adaptée. Sa production dans les séances d'évaluation témoigne d'une capacité de mentalisation de très bon niveau. Les élaborations données sont celles d'un garçon qui a une bonne capacité de percevoir la réalité telle qu'elle est. Au niveau de son fonctionnement intellectuel, Charles se situe au-dessus de la moyenne des sujets de son âge. Une psychothérapie s'impose donc de toute urgence. Elle devrait permettre à Charles sinon de retrouver les bases plus avancées qui, on peut le penser, pourraient avoir été mises en place avant les événements récents, à tout le moins de ventiler les émotions associées à ces événements. Le garçon est entré en relation avec la clinicienne d'une manière qui laisse voir qu'il désire fortement cette démarche et qu'il attend de celle-ci des effets libérateurs, notamment sur sa capacité de se concentrer et de mieux performer dans ses tâches d'apprentissage.

Chloée (10 ans) : L'analyse des productions données en situation projective (épreuves graphiques, thématiques et ludiques) laisse voir chez Chloée une dynamique affective campée sur le plan anaclitique phallique. Il y a donc un certain déficit au niveau du développement affectif. L'entrée dans le mode œdipien paraît avoir été empêchée par le manque d'acquis au niveau de la confiance en soi et de l'estime de soi. Peut-être est-ce dû aux difficultés d'apprentissage et sociales rencontrées dans le milieu scolaire, ce qui pourrait avoir conduit la fillette à se cantonner dans une attitude de dépendance à l'endroit des parents comme à celui des enseignants. Peut-être est-ce dû également aux modes d'adaptation mis au point après les événements plutôt perturbants de son histoire infantile, modes toujours facilement réactivables; c'est sans doute ce qui fait qu'elle donne l'impression, dans certaines situations, sources d'anxiété pour elle, de se comporter ou de réagir comme un enfant plus jeune. Les élaborations données devant les planches aux épreuves thématiques témoignent pourtant d'une bonne capacité d'adaptation et de compréhension du réel. Le potentiel intellectuel est d'un niveau intéressant. Compte tenu de l'ensemble des données recueillies dans l'évaluation, il nous paraît souhaitable que la fillette puisse profiter d'une psychothérapie (par le jeu), de façon à ce qu'elle puisse s'établir dans le mode de fonctionnement affectif qui est celui attendu à son âge. Les parents et l'enseignant doivent continuer de renvoyer à Chloée l'image qu'elle est capable de réussir dans ce qui peut à l'occasion lui sembler plus difficile.

Fabien (10 ans) : L'analyse des productions de ce garçon données en situation projective laisse voir chez lui un grand désir d'être reconnu comme bon, efficace, comme quelqu'un de bien en somme. Habité par le doute au sujet de sa valeur et par la crainte d'être condamné à l'échec, il démissionne rapidement devant les tâches qui ne lui sont pas familières d'emblée, d'où son désintérêt et sa grande distractibilité. Beaucoup de ses comportements visent à attirer la reconnaissance des autres; celle des pairs, bien évidemment, mais aussi celle des adultes. Pour lui, le monde se structure essentiellement en forts et en faibles, en grands et en petits. Il veut faire partie du monde des grands et des forts, mais il craint douloureusement de ne pouvoir y parvenir. Chaque échec ne fait que renforcer ce doute. Ce garçon a un grand besoin d'être soutenu, encouragé, et il vit péniblement d'être l'objet de reproches, particulièrement devant les autres (pairs, enseignants ou parents). Ses relations sociales sont entachées par ce désir omniprésent d'être reconnu comme bon, comme meilleur que les pairs, d'où sa tendance à rabaisser ceux-ci. Il est important de maintenir ce garçon en thérapie, car il est peu probable qu'il puisse de ses seules forces dépasser le mode de fonctionnement affectif qui est le sien présentement. Tant les parents que l'enseignant doivent éviter les remarques dévalorisantes ou humiliantes, car celles-ci ont comme effet de l'enfoncer davantage dans sa vision négative de lui-même. On doit lui donner du soutien et contrer le peu de confiance qu'il a en lui-même. Il faut l'aider à lever le doute qui l'habite au sujet de la possibilité pour lui de devenir un grand, habile et efficace dans divers champs.

Francis (9 ans) : Ce garçon présente une dynamique phallique. Il est habité par le désir d'être reconnu comme bon, comme fort, comme efficace. Les jeux libres 2 et 3 sont particulièrement révélateurs à cet égard. Ainsi en est-il d'ailleurs du contenu du rêve. Son support identitaire est placé dans la situation de faire des exploits, lesquels vont lui valoir d'être reconnu comme le meilleur. Devant *Pense à lui* de Blacky, il donne une allégorie qui va dans le même sens. Il est cependant possible qu'il soit assez près de l'œdipe : plusieurs élaborations peuvent le laisser penser. Mais, incontestablement, son mode le plus présent et le plus influent est le phallique. Il a un si grand besoin d'être reconnu comme bon, fort et efficace. C'est excellent qu'il puisse rester en contact avec les ex-conjoints de sa mère avec lesquels il a eu une relation significative.

Justine (10 ans) : Le portrait que dégagent les données de l'évaluation affective de Justine est composite. Un certain nombre d'indices permettent de situer cette fille au niveau de maturité affective qui est normalement attendu chez une fille de son âge. Elle est notamment capable de vivre des relations qui tiennent compte de la dimension sexuée (homme-femme, garçon-fille); elle est capable de prendre en considération les besoins des autres dans ses choix d'action et elle peut fréquemment agir de manière altruiste. Mais à côté de ces données plutôt rassurantes, il y a plusieurs indices qui permettent de penser que les conflits propres au stade immédiatement antérieur de son développement n'ont pas été réglés. Il se pourrait que la situation d'échec dans laquelle elle se trouve dans son cheminement scolaire soit à la source de cette immaturité relative. Le manque de confiance en elle est particulièrement évident quand il s'agit, par exemple, de repérer des formes au Rorschach qui ne sont pas objectivement évidentes : elle paraît alors décontenancée et préfère se cantonner dans le vague ou dans un jugement empreint de précaution, du genre « C'est... [telle chose], mais cela n'existe pas. » Elle cherche à donner dans le facile, dans ce qui est évident. D'autre part, des données de ce même test projectif foisonnent qui s'appuient sur l'utilisation abondante des couleurs, ce qui indique habituellement un manque de contrôle des affects (de plaisir, de déplaisir, de tristesse, de joie, etc.). Ce manque de contrôle nous paraît pouvoir rendre compte de sa précipitation à donner des réponses ou des productions qui peuvent détonner singulièrement avec ce que l'on est en droit d'attendre d'elle compte tenu du niveau de maturité qu'elle est capable d'afficher en d'autres circonstances. D'un point de vue explicatif, on ne peut écarter en toute logique l'hypothèse de l'impact (à effet aggravant) chez elle des réactions d'adultes significatifs, tout particulièrement celles de son père. Justine ressent de la tension en raison de la perception de ces attentes; elle est tout à fait motivée à les satisfaire, elle ne recule pas devant l'effort, mais au cœur de la réalisation de la tâche, elle perd l'essentiel de ses moyens. Comme elle se sent incapable d'une performance à la hauteur de son perfectionnisme, elle sombre facilement dans le découragement. Une psychothérapie, qui n'aurait pas besoin d'être longue, nous semble s'avérer indispensable, car nous pensons que la dynamique d'échec qui paraît bien implantée ne peut disparaître d'elle-même. Un travail judicieux auprès des parents s'impose également, de manière à ce qu'ils puissent adopter des attitudes sinon plus favorables au dénouement de la situation de leur fille, à tout le moins mieux adaptées à son vécu intérieur.

Kevin (9 ans et 3 mois) : Ce garçon présente un mode de fonctionnement phallique. Au TAT, en 2, Kevin ne structure pas les relations entre les personnages : il voit plutôt une juxtaposition de personnes. Il est derrière le personnage pris dans la neige qui est attendu en 6BM. En 7BM, la figure paternelle est mécontente parce que son fils (le support identitaire) a fait une bêtise (il a brisé la voiture; il était trop jeune pour conduire). En 10, la mère est morte et le support identitaire doit être consolé par le père. En 13B, le support identitaire est derrière le garçon abandonné, sans parent, à la recherche d'une maison; personne n'est venu à son aide. Le désir du réchauffement du climat dans la maison s'affiche en 19. En 16, le support identitaire est victime d'une manœuvre malheureuse du père et il est sauvé in extremis par la mère (que faisait le père?). Au Blacky, en *Niches*, il est abandonné puis il retrouve ses parents. Devant *Parents amoureux*, il pensait que son père et sa mère ne l'aimaient pas, puisqu'ils étaient toujours ensemble. En *Parents caressant Tippy*, une nouvelle fois, il pense que ses parents ne l'aiment plus et il éprouve le besoin d'être rassuré. En *Pense à lui*, il rêve qu'il va être grand, qu'il va être « un chien fort, fort, fort et gros ». Le jeu libre ne présente pas un affrontement entre deux camps pour un enjeu symbolisant le « cœur » de la mère. Il s'agit bien plutôt d'une course (avec l'ami) à qui trouvera un trésor caché par des voleurs. La propriété du trésor sera finalement concédée à l'ami. La figure paternelle pourrait bien se profiler derrière cet ami vainqueur du concours.

D'après les données de l'anamnèse, le père maintient une attitude qui est vraisemblablement à la source du défaut de reconnaissance phallique de ce garçon. Dans le MAP, il est figuré en train de couper le gazon (il « coupe l'herbe sous le pied ») alors que la mère est partie en voyage, donc absente (il importe de se rappeler qu'elle a été dite morte en 10 au TAT). La psychothérapie s'impose de manière urgente; il est impérieux que les obstacles à l'établissement en œdipe puissent être levés dès que possible.

Cas anaclitiques médians

Charline (9 ans) : La production donnée en jeu libre est typique des anaclitiques médians : le support identitaire y est un bébé. Le TAT laisse voir la présence de sentiments abandonniques, dépressifs (idéations suicidaires accordées aux personnages de la planche en 3BM et 13B) et de sentiments violents, motivés par l'envie (en 9GF); quelques contenus vont dans le sens d'actions violentes subies ou presque subies : 5, 6, 12BG et 16. Le contenu donné en 16 et celui en 12BG justifient de penser que cette fille a pu être victime d'une situation d'abus sexuel. S'ajoute à ces deux indices le fait des reproches que le support identitaire adresse à la figure maternelle dans plusieurs allégories : Charline pourrait fort bien reprocher à celle-ci de ne pas voir su la protéger contre l'agresseur. Il importe de noter le caractère immature des productions graphiques :

demande de gratifications orales (arbre fruitier), blessure narcissique affichée par le trou dans le tronc de l'arbre du deuxième dessin, sentiment de non-valeur, dépréciation de soi, manque de confiance dans ses moyens. Dans l'ensemble, Charline se présente comme une toute-petite qui a besoin qu'on l'entoure, qu'on s'occupe d'elle, qui a peur qu'on l'abandonne; elle paraît très encline aux affects dépressifs. Il en va également de la difficulté de se confier. Nous ferions l'hypothèse que les comportements auto-agressifs visent d'abord et avant tout à mobiliser la mère, à obtenir d'elle attention et affection. C'est un cas qui va demander plusieurs mois de thérapie, compte tenu de l'âge et de la force de la revendication affective.

Marilou (11 ans) : L'analyse des productions réalisées par Marilou en situation projective fait apparaître un fonctionnement affectif déficitaire. La fillette se voit essentiellement comme une enfant pas suffisamment aimée, pas suffisamment entourée ou protégée, constamment menacée par des épreuves de perte ou d'abandon. Elle déploie une grande énergie pour arriver à se faire aimer, mettant de l'avant ses réussites ou ses talents. Cette caractéristique a été évidente non seulement dans le matériel projectif, mais également dès les premiers moments de la rencontre avec la clinicienne. Marilou est constamment habitée par le sentiment douloureux d'être seule, d'être laissée à elle-même et même d'être condamnée à rester seule. La présence de ce sentiment est corroborée par le témoignage de l'enseignante, qui insiste sur les difficultés marquées de la fillette dans ses relations sociales à l'école. La mère et son conjoint mentionnent que c'est après avoir vu se terminer de façon décevante sa tentative de renouer contact avec son père naturel que la fillette a commencé à manifester un comportement problématique à la maison. Il nous semble probable que la perspective de cette relation ait été entrevue par elle comme réparatrice : enfin, quelqu'un l'aimerait de manière exclusive, pourrait-elle avoir pensé. Malheureusement, cette reprise de contact s'est avérée décevante et n'a pas donné les bénéfices réparateurs qui étaient escomptés. Dans les épreuves thématiques, par les figures qui la représentent, Marilou laisse voir qu'on la déçoit en ne lui donnant pas ce qu'elle attend ou espère légitimement. Indirectement, c'est-à-dire par le biais des situations reconnues aux figures auxquelles elle s'identifie, elle se présente comme coupée de ce qu'elle aime, privée d'affection et promise à l'oubli. La rivalité avec la fratrie trouve sa source sur ce terrain dynamique : les deux sœurs qui la suivent ont chacune à leur tour représenté à ses yeux des figures qui la privaient de l'affection et l'attention exclusives des parents et, même, qui recevaient bien davantage qu'elle sur ces plans. Il en va de même de l'agressivité manifestée à l'endroit de la mère : celle-ci est reconnue par Marilou comme la grande responsable de l'état de manque affectif dans lequel elle se trouve.

Pour lever cette dynamique de revendication affective, il est absolument urgent que cette fillette puisse profiter d'une psychothérapie. Il nous faut insister sur deux points tout particulièrement.

Premièrement, l'entrée prochaine de Marilou dans la période adolescente risque de compliquer singulièrement la tâche de récupération du déficit dans le développement affectif comme elle peut accroître chez elle le danger d'un affaissement de l'espoir d'être entendue et celui qu'on puisse combler sa revendication affective. Deuxièmement, Marilou présente des capacités intellectuelles tout à fait remarquables. Cette caractéristique constitue à ce moment-ci un atout absolument intéressant pour une évolution favorable de sa dynamique affective.

Maude (9 ans) : Le mode de fonctionnement paraît essentiellement anaclitique médian. Au TAT, en 1, l'instrument est brisé, mais il y a, de la part du support identitaire, tentative de le réparer tout seul (par résignation devant le manque de soutien de l'environnement ou par souci d'autonomie, on ne peut trancher). En 3, l'affect dépressif n'est pas vraiment reconnu : le sujet n'y voit qu'un état de fatigue chez le personnage représenté. En 4, comme ce sera le cas en 7GF et à plusieurs autres planches, il y a projection d'une situation vécue dans le milieu scolaire : désir d'être protégée par une figure parentale face à un environnement social défavorable. Le contenu donné en 11 laisse voir lui aussi un manque de protection : la chute arrose le support identitaire et celui-ci meurt. Maude produit en 12BG une élaboration au contenu proche du précédent : l'état de la chaloupe est une métaphore permettant de figurer l'état du soi – on l'a laissé tomber; elle est pleine de trous (de blessures, de besoins non comblés). En 13B, la fillette fait référence aux conflits avec la fratrie ou avec les pairs, thème récurrent chez elle. En 19, il y a évocation une nouvelle fois de l'absence de soutien et de protection (face à l'environnement défavorable). Maude donne une production apparentée en 16 : la fillette est attaquée par un garçon, mais, cette fois, la figure parentale intervient en sa faveur; cette issue laisse donc voir que l'espoir d'une protection existe toujours. Cette fille hésite entre rester petite (à cause du sentiment d'avoir souvent été laissée à elle-même, mal protégée) et grandir; c'est la première option qu'elle préfère au moment de cette évaluation. L'organisation psychique est suffisamment costaude actuellement pour que soit écartée l'hypothèse d'une décompensation prochaine (passage à l'acte suicidaire) : l'espoir qu'une réparation soit donnée à son soi est trop grand pour qu'on puisse retenir cette issue.

Mégane (10 ans) : Mégane se présente comme une fillette toute petite, qui n'a pas atteint le statut d'un sujet capable de se percevoir comme sexué vivant dans un monde également perçu comme sexué. Elle n'a pas véritablement intégré le fait de la séparation des parents. Sans doute le comportement et les attitudes très immatures du père à son endroit, notamment celle de parentification, ont-ils contribué à la maintenir dans cet état. La figure paternelle paraît d'ailleurs vraiment fragile dans les productions de l'enfant, notamment dans le MAP et le cauchemar. Mégane garde manifestement la nostalgie du temps où père et mère vivaient ensemble; elle n'a vraiment pas accepté la séparation. Elle manifeste beaucoup d'hostilité à l'endroit de la sœur plus jeune, ce qui cadre très bien avec le mode affectif repéré : anaclitique médian. Son angoisse de perte d'objet l'amène par moments à prendre l'allure d'une toute-petite qui doit être protégée et aimée de façon exclusive. C'est une tendance installée depuis plusieurs années : les fantaisies hallucinatoires concernant les fées qu'elle disait présentes dans sa chambre d'enfant en témoignaient déjà éloquemment. Cette fillette a besoin d'une psychothérapie, et de manière assez urgente compte tenu de son âge.

Nicolas (9 ans) : Ce garçon présente un développement dysharmonique. Doté d'un potentiel intellectuel tout à fait intéressant, il affiche un fonctionnement affectif qui est nettement en dessous de celui attendu chez un garçon bien portant de son âge. Il a besoin qu'on lui rappelle régulièrement qu'on l'aime, ou même plus, qu'on le préfère aux autres. Si cette confirmation souhaitée ne vient pas, il se désorganise, faisant montre d'une impulsivité peu ordinaire. Tout ce qui lui est demandé doit être réalisable facilement, sinon il manifeste une attitude de refus ou d'opposition. Il fonctionne essentiellement comme un enfant à qui l'on ne doit rien refuser. Toute intimation à obtempérer est reçue par lui comme une provocation, entraînant une réaction qui peut-être spectaculaire. La peur de ne pas être aimé ou d'être abandonné est très facilement activée chez lui. C'est vraiment sur ce plan que se situe son anxiété. Cette façon de décrire son mode de fonctionnement affectif n'est cependant pas complète. En effet, Nicolas manifeste le désir de grandir, de se comporter comme un garçon responsable, comme quelqu'un à qui l'on peut se fier. Il pourrait donc être près d'accéder au mode de fonctionnement immédiatement supérieur. En témoignent ses affirmations selon lesquelles il ferait le ménage à la maison et qu'il y assumerait d'autres responsabilités (mais lui arrive-t-il de les assumer véritablement?). D'où également son besoin d'être reconnu comme le meilleur et sa difficulté à accepter qu'on lui fasse des remontrances devant ses pairs. On peut facilement voir le personnage mis en scène dans son dessin libre comme une représentation de lui-même : ce personnage veut recevoir des trucs pour devenir conducteur de course, mais, surtout, champion mondial dans le domaine. Il est permis de se demander s'il ne craint pas d'une manière obsessive de ne pouvoir remplir les attentes qu'on a à son endroit; cette éventualité négative paraît vécue par lui comme une véritable catastrophe. Les productions données dans l'une ou l'autre des épreuves projectives témoignent de l'importance de la rivalité fraternelle, particulièrement avec le demi-frère. Sans doute parce que celui-ci renvoie à Nicolas, par la qualité de sa propre adaptation, l'image d'un garçon qui ne peut être à la hauteur.

Que peut-on proposer pour que le développement affectif de Nicolas puisse retrouver son élan? Compte tenu de ce qui est survenu à l'école, le garçon se retrouve avec une réputation entachée de façon significative. Il pourrait recevoir de ce milieu social des sollicitations négatives l'amenant à retomber facilement dans le style problématique qui a été le sien ces derniers mois, aggravant ainsi autant ses conditions de mésadaptation que son état de découragement. Un changement d'école pourrait être fort salutaire. Il devrait y avoir deux conditions à surveiller, si l'on choisit cette voie. Il faudrait tout d'abord que le garçon puisse bénéficier d'une psychothérapie pour que puisse être entendue et satisfaite la revendication affective qui est la sienne; cette démarche thérapeutique est indispensable tant pour l'enfant que pour ses parents, qui ont réellement besoin d'être guidés dans leur façon d'interagir avec lui. La deuxième condition à surveiller serait que l'enseignant qui l'accueillerait puisse faire montre d'une grande confiance en lui et d'un bon doigté pour éviter l'apparition des débordements. Il ne faut pas oublier que l'expérience positive que Nicolas a vécue avec la psychoéducatrice laisse voir un réel potentiel d'adaptation et d'évolution. Il ne faut pas oublier non plus l'atout remarquable que représente son niveau supérieur d'intelligence.

Pascal (9 ans) : L'analyse des productions réalisées par Pascal en situation projective laisse voir la présence d'un déficit dans le développement affectif de l'enfant. Sur le plan psychoaffectif, il présente un mode d'être qui est celui d'un enfant nettement plus jeune. La peur d'être laissé pour compte, d'être abandonné, d'être laissé à lui-même transparaît dans de nombreuses productions. Ce besoin d'être rassuré sur l'attention ou l'affection qu'on lui porte le rend dépendant de la présence de l'adulte, particulièrement des figures maternelles. Il en résulte une tendance bien établie chez lui à entretenir une relation de dépendance à l'autre, aux figures parentales notamment. Ce manque d'autonomie s'affiche dans l'accomplissement des tâches auxquelles il est soumis à l'école comme à la maison. Pascal rechigne à fournir l'effort nécessaire à l'expression et à la réalisation de son potentiel, qui est meilleur que ce que laissent voir ses résultats. La plupart du temps, il est sous-performant à cause de ce refus de l'effort : déjà visible dans sa calligraphie, ce refus se manifeste dès que la tâche demande une attention et une concentration soutenues. Le recours à l'expression de sentiments négatifs concernant ses capacités est une stratégie pour faire diminuer l'ampleur de la tâche et, en même temps, pour mobiliser l'adulte qui peut lui apporter de l'aide ou qui peut l'accomplir à sa place. Dans ce contexte, il n'est pas surprenant de le voir se réfugier dans le jeu autant et aussi souvent qu'il le peut, à la manière d'un sujet plus jeune. Il n'est pas surprenant non plus de constater sa tendance à rechercher la satisfaction immédiate ou sa difficulté à remettre à plus tard la satisfaction d'un besoin ou d'un désir.

Pénélope (13 ans) : Les productions données au TAT font apparaître un bon nombre d'éléments dépressifs : le support identitaire est une fille esclave (de la figure maternelle) en 2; il a été battu par le beau-père en 3; il est triste en 7GF; la figure maternelle va mourir en 10; le support identitaire reste seul en 13B; Pénélope se profile derrière les gars du sous-marin qui meurent en 19; dans le cauchemar raconté en 16, elle et les membres de sa famille sont victimes d'une dramatique intrusion de domicile par des méchants qui tueront la figure paternelle et obligeront mère et enfants à fuir. Il y a cependant espoir de réparation narcissique : en 1, le garçon recevra un autre violon pour remplacer celui qui est brisé; en 6GF, un enseignant veut aider le support identitaire à améliorer sa performance et lui permettre d'être meilleur; en 9GF, le support identitaire profite de la complicité d'une bonne (la clinicienne?) pour échapper à un milieu trop contraignant. Ce cas est l'équivalent adolescent d'un enfant dont la revendication affective n'a pas été satisfaite et qui espère encore qu'elle le soit. La lutte contre la dépression caractérise le fonctionnement affectif. L'anxiété de perte d'objet est évidente dans plusieurs élaborations, de même que la demande d'appui ou de soutien, ce qui justifie pleinement la mise en place urgente d'une psychothérapie.

Régine (11 ans) : Malgré tout ce qu'elle a subi au cours de son histoire, Régine présente un portrait d'ensemble qui n'est pas trop détérioré. Elle aborde avec la clinicienne les éléments négatifs de son histoire avec une assez grande liberté. La problématique paraît bien campée dans l'espace anaclitique médian. Le chemin qui n'arrive pas au bon endroit dans le Maison-Arbre-Chemin constitue une belle métaphore pour signifier à quel point Régine considère comme difficile d'être rejointe dans son intériorité par une figure maternelle. L'arbre assez dépouillé fait état de la piètre relation avec la figure paternelle. La tante apparaît comme une mère de remplacement dans laquelle elle a mis beaucoup d'espoir. Régine réalise son dessin de famille en deux temps : ses frères et sœurs les plus proches apparaissent d'abord; sont exclues les figures parentales (la mère et son copain), qu'elle dessinera ultérieurement en monstres. Au TAT, ce qui est frappant, dans l'ensemble, c'est qu'une situation attristante est d'abord évoquée et qu'elle fait place ensuite à une réparation. Ainsi en 1, l'archet est cassé puis il est réparé. En 2, il y a intervention correctrice auprès de la mère, qui ne sait pas comment prendre soin de son bébé. En 3, la mère est désespérée : elle a perdu ses clefs et, de ce fait, son garçon (support identitaire); elle retrouve celui-ci ensuite. En 5, la femme découvre son mari, qu'elle pensait mort, mais qui ne faisait que dormir. En 6GF, le monsieur en colère accoste la figure féminine, mais il finit par inviter la femme à dîner. En 9GF, le support identitaire, qui vit dans un milieu d'où elle n'a pas le droit de sortir, profite de l'aide d'une figure maternelle réparatrice (une bonne) pour aller au bal. Par ces retournements de situation, Régine manifeste son espoir que les choses se mettent à bien aller pour elle.

Sabine (10 ans) : La problématique est vraiment anaclitique de niveau médian. Au TAT, en 2, les personnages sont abordés l'un après l'autre, sans qu'il y ait une structuration relationnelle véritable. En 3, la demande d'étayage est assez nette. En 5, nouvelle relation d'étayage : la grand-mère veille sur la petite. En 6GF, le support identitaire reçoit la gratitude de la figure paternelle pour une action accomplie de son plein gré. En 7GF, il est la *petite* fille à qui la figure maternelle raconte une histoire pour qu'elle puisse s'endormir. En 9GF, il se regarde dans l'eau et se questionne sur sa beauté, sur sa capacité d'être aimé. La production réalisée en 10 apparaît énigmatique à première vue : le personnage féminin qui embrasse le mur semble désigner la sœur; ce pourrait être ce que Sabine souhaiterait à cette rivale anaclitique. En 11, il y a évocation de la situation du sujet : le support identitaire reste coincé. En 12BG, la « petite chaloupe » (ici encore, il y a appui sur la dimension *petite*) est le support identitaire qui espère être investi par la figure parentale (paternelle); c'est là une nouvelle manifestation du désir d'étayage. La production donnée en 13B pourrait elle aussi témoigner de la même quête du père (prégénital) : le chevreuil pourrait figurer le père distant, qu'on ne peut voir que de loin. En 19, c'est la mère prégénitale qui est campée dans la maison, une maison dans laquelle il faut éviter d'aller. En 16, Sabine raconte un cauchemar : elle est la servante d'un méchant (la mauvaise mère?) qu'elle n'arrive pas à satisfaire et qui finit par la tuer. Cette fille est vraiment mal en point; elle doit avoir accès à une psychothérapie toute urgence.

Simon (9 ans) : L'analyse des allégories fournies au TAT permet de situer Simon au niveau anaclitique médian. Il n'y a pas de triangulation en 2. En 4, le support identitaire s'est fait voler sa voiture. La figure maternelle cherche quelqu'un en 5 : Simon affiche son désir d'être trouvé par elle, d'être l'objet de sa préoccupation. Le support identitaire quête l'attention de la même figure en 6BM, mais celle-ci n'est pas disponible. En 7BM, la figure paternelle semble investie en tant que réparatrice du narcissisme blessé (par la mère). En 8BM, le support identitaire rêve qu'on tente de lui ouvrir le ventre; il ne sait pas pourquoi. En 10, la relation se joue entre deux objets partiels et elle est du type étayage : « On dirait des têtes qui tiennent dans les airs. Deux personnes qui sont proches : un parent avec son enfant. » Au MAP, la dimension disproportionnée de la maison peut fort bien trahir la revendication affective; la position de la mère au téléphone pourrait bien aller dans la même direction. Dans le dessin libre, l'arbre rempli de pommes et le support identitaire en train de cueillir ces fruits étayent l'hypothèse d'une dynamique de revendication affective (recherche de gratifications orales). La même thématique revient dans le récit des deux cauchemars : dans le premier, l'anxiété de chute est manifeste, le support matériel (la mère?) faisant défaut; dans le deuxième, en l'absence de la mère, le sujet confié à une gardienne est attaqué par un monstre; il se retrouve sans défense.

Cas anaclitiques de bas niveau

Mylène (9 ans) : L'ensemble des productions réalisées par l'enfant au sein des épreuves projectives (TAT, Rorschach, épreuves graphiques et jeux libres) permet de dégager un portrait cohérent du fonctionnement dynamique de Mylène. Précisons tout d'abord que l'impression que dégagent un grand nombre de ces productions en est une d'étrangeté; quand on est habitué à ce que produisent généralement les enfants de cet âge à ces diverses épreuves, on ne peut être autrement que dérouté par le caractère atypique, voire bizarre, de beaucoup des élaborations de cette fillette. Au TAT, un déficit au niveau de l'épreuve de réalité (capacité de lire les données d'une situation d'une manière qui respecte la logique et le bon sens) s'affiche dès la première planche : Mylène ne peut reconnaître ou organiser de façon logique les données du tableau présenté, qui est pourtant facilement lisible. À la planche 11, qui vise à établir comment le sujet peut affronter une situation angoissante, Mylène réagit de façon tout à fait inappropriée en disant : « Wow! C'est beau », affichant une nouvelle fois un déficit important dans la compréhension du réel. Le monde mental de la fillette se précise par ses réactions aux planches 2 à 9GF : c'est celui d'un enfant beaucoup plus jeune, qui vit mal les réprobations des adultes (ses parents), qui fait de mauvais gré ce qui lui est demandé ou qui comprend les interactions entre plus grands comme résultant de chicanes en train de se produire ou survenues peu avant. À la planche 19, qui permet de voir dans quelle mesure le sujet est capable d'imaginer un intérieur sécurisant capable de le protéger contre des êtres malveillants ou une situation angoissante, Mylène produit : « On dirait un dessin animé. C'est le soir de l'Halloween; il y a des monstres qui hantent une maison. » Et, invitée à dire comment les choses vont finir, elle ajoute : « Les parents vont se réveiller pis ça va leur faire peur pis i' vont s'en aller. » Par cette production, la fillette laisse voir à quel point elle ne peut trouver dans son environnement un support convenable pour affronter les difficultés qui se présentent à elle. Les productions données au Rorschach sont tout aussi étranges et inquiétantes : l'objet évoqué est détérioré (feuille déchirée ou massacrée dans quatre cas, papillon avec ailes déchirées dans un autre cas). On ne peut faire autrement que de relier cet état perçu de détérioration à la situation extrêmement fragile et vulnérable du soi. La piètre qualité générale des évocations (en regard de la nature du stimulus présenté) recoupe le déficit au niveau de l'épreuve de réalité tel qu'il a été constaté au TAT. Il y a au moins deux, sinon trois combinaisons incongrues, qui témoignent également d'une grande fragilité de l'épreuve de réalité : « un homard-femme », « des papillons-homards » et « une araignée avec un bandeau sur les yeux parce qu'elle vient de se réveiller ». On peut les relier à des tentatives désespérées mises en place pour plaire à l'autre, faille-t-il pour y arriver sacrifier son bon sens élémentaire. Aux épreuves graphiques, plusieurs éléments viennent confirmer les données des deux tests précédents : présence de la ligne de gazon (trahissant l'insécurité), forme carrée de la maison (caractère infantile), petitesse de la porte (difficulté de faire confiance, défaut d'accessibilité), âge régressé de la figure qui la représente (5 ans), grandeur du personnage de la mère (ce qui laisse soupçonner que celle-ci occupe trop de place, empêchant la personnalisation et l'individuation, à moins que cette surdimension trahisse le désir de la voir davantage investie dans son rôle de mère), l'action de la fillette sur ce même personnage maternel (elle l'éclabousse, ce qui trahit son envie d'être agressive à son endroit). Dans le dessin de famille, le père est présenté comme un géant (« il est plus grand que le plus grand homme du monde »), ce qui peut témoigner des attentes démesurées placées sur lui pour la restauration du soi. C'est ainsi qu'on peut également comprendre le sens de la présence de la marraine dans le rêve raconté. Enfin, dans les jeux libres, Mylène confie qu'à défaut de ne pouvoir être elle-même un bébé, elle est celle qui s'occupe de l'un des deux mis en scène. Elle précise qu'elle-même est petite pour son âge. Cette dernière épreuve projective éclaire singulièrement le sens du symptôme qui a lancé le besoin de consultation : c'est d'elle-même au fond qu'elle s'occupe chaque fois qu'elle met en route ce que dans sa famille on appelle « son rituel » (jeux avec les poupées); par ces jeux, elle rappelle à ses figures parentales comment elle voudrait qu'on s'occupe d'elle. Cette fillette doit bénéficier d'une psychothérapie, et ce, de manière urgente compte tenu de son âge et de l'ampleur du déficit qu'elle présente dans son développement affectif. Les parents doivent être mis au fait que celle-ci pourrait devoir s'étendre sur une période assez longue, certainement plus d'une année. Ils doivent aussi se préparer à remettre en cause un grand nombre des attitudes qu'ils ont maintenues au fil des années avec leur fille.

Sandrine (9 ans) : Plusieurs allégories données au TAT suscitent un sentiment d'étrangeté. En 1, par exemple, l'élaboration paraît sans rapport avec le contenu de la planche; elle laisse voir de toute façon de l'infantilisme (pensée magique) et un manque de réalisme par l'issue de la situation. En 2, le support identitaire est abandonné par les parents au profit d'un bébé qui va naître; il y aura un début de réparation, mais celle-ci ne sera que minimale : le support identitaire pourra aller voir ses parents de temps en temps. En 3BM, il y a également évocation d'une perte (les patins); la solution imaginée implique l'utilisation des vieilles lames qui seraient collées sur de nouvelles chaussures : donc, infantilisme et pensée magique ici encore. En 4, Sandrine évoque une situation assez particulière : le père parti au loin puis revenu ne se souvient plus de l'enfant qu'il avait adopté. Il repart et la mère garde l'enfant, qui est celui de sa sœur en fait; celle-ci et son mari l'avaient abandonné avant de partir au loin : abandon puis adoption problématique du support identitaire... puisque le père ne soucie guère de lui, ayant oublié qu'il était là. En 5, le support identitaire nous est présenté comme « adopté » ou trouvé par une femme, qui lui donne des soins inappropriés; il s'échappe par la fenêtre parce qu'il voulait un père seulement (pour pouvoir faire plein d'aventures), mais cela a fait beaucoup de peine à la figure maternelle inadaptée : Sandrine souhaiterait obtenir davantage l'affection de cette mère. En 6GF, évocation de la mort de la mère; celle-ci aurait laissé au père trois cadeaux à transmettre à leur fille : son vrai cœur (preuve d'amour plutôt pathétique), un cheveu ainsi qu'un mot d'amour et d'avertissement (ne jamais jeter le contenu de la boîte). L'allusion au vrai cœur est assez particulière : elle révèle un déficit au niveau de l'épreuve de réalité. En 7GF, Sandrine évoque le fait d'avoir été laissée de côté au profit d'un bébé, que le support identitaire déteste. Celui-ci trouve que sa mère s'en occupe trop; la mère lui demande de s'en occuper elle-même pour qu'elle puisse découvrir à quel point c'est exigeant de s'occuper d'un enfant. Surgit ici encore le sentiment d'avoir été mise de côté et de ne pas voir ses besoins affectifs pris en compte. Le contenu donné en 8BM est lui aussi assez révélateur : il évoque le meurtre du support identitaire par les figures censées le protéger (mère et policiers). L'élaboration donnée en 9GF est assez semblable, sauf que cette fois la mort du support identitaire est présentée comme accidentelle, encore que due au comportement de la mère, qui aurait fait sursauter sa fille et provoqué sa chute. En 11, une nouvelle fois, un contenu morbide apparaît. Il se pourrait que le support identitaire soit derrière le dragon, qui noie les chevaux sauveurs et les humains (les figures parentales?) en même temps : « i' aime pas les chevaux qui portent des humains », dit-elle. Sandrine donne en 12BG une description de sa situation psychologique actuelle : elle est en danger, cherchant celle qui a pour fonction de la « porter » (sa mère), navigant grâce à des moyens de fortune, survivant en quelque sorte de peine et de misère; elle finira par retrouver son embarcation (sa mère) après trois ans, mais celle-ci sera en morceaux. L'espoir d'une restauration du soi est on ne peut plus fragile. Cette dernière allégorie, Sandrine l'a tellement investie qu'elle la poursuit en 13B : le support identitaire nage dans la rivière et il en sort pour se retrouver dans le froid; il a été abandonné par ses parents. Il attend ceux-ci longtemps, les cherche inlassablement, puis il finit par les trouver. Il a perdu ses chaussures; qu'à cela ne tienne, les parents les ont trouvées et les ont échangées contre une paire de neuves. L'espoir d'une restauration du narcissisme (primaire) blessé devient donc plus intense dans cette planche. En

19, le support identitaire se trouve derrière les deux monstres qui veulent s'attaquer aux gens du village, c.-à-d. les parents gentils, pour se faire accepter par les méchants; ils réussissent quasiment avant d'être chassés par les gentils (qui ont une baguette magique). Mais, puisqu'ils sont devenus gentils, les méchants, ici les parents et non gentils, les attrapent (bel exemple du clivage bon-mauvais, on l'aura noté à propos de cette production) et les confinent aux donjons pour trois ans; ils n'en sortiront finalement qu'après six ans. L'élaboration donnée en 16 est assez jolie en surface. Le sens profond se rapporte au caractère inadéquat des attitudes parentales et au désir de s'en protéger, mais il y a des conséquences à cela : comment vivre sans parents? Cette fille est manifestement menacée par la psychose.

Thierry (10 ans) : Il s'agit d'un cas en très grande difficulté. Les conditions dans lesquelles l'enfant a été gardé entre 6 et 24 mois (la grand-mère étant la gardienne principale sauf [?] pour la période au cours de laquelle le grand-père était en congé de maladie). S'ajoute à cela la dépression de trois mois connue par la mère quand l'enfant avait deux, période au terme de laquelle celui-ci a rapidement été retourné chez la grand-mère. On comprend mal que ce garçon ait pu marcher à 8 mois, et qu'il ait pu être propre de nuit et faire des phrases complètes à 18 mois. Ces données sont-elles fiables? Elles laisseraient voir que le développement premier se serait réalisé de manière optimale, l'enfant étant même largement en avance en ce qui a trait à certains de ces indicateurs. Il est bien difficile de se convaincre de la véracité de ces informations. Compte tenu de ce qui apparaît dans les épreuves projectives, on ne peut absolument pas croire que les choses se passaient si bien avec le grand-père : nous ne pouvons écarter l'hypothèse que ce dernier pouvait représenter pour l'enfant une figure au comportement abusif. Les comportements du garçon peuvent laisser croire que c'est l'anxiété de perte d'objet qui l'habite. Les données recueillies aux épreuves projectives dégagent l'impression que c'est bien plutôt l'anxiété de mort, d'anéantissement qui domine. Au TAT, en 1, le violon, qui n'est pas reconnu comme tel par l'enfant (il voit une harpe, un objet nettement plus rare), est incomplet et c'est le support identitaire lui-même qui doit voir à le réparer. En 2, il voit deux mamans (fait rarissime à cette épreuve) et un gars qui est en train de dresser un cheval (la figure paternelle qui essaie de dresser le support identitaire?). Dans cette planche, il n'y a pas de structuration relationnelle au sens strict. En 3BM, le soi déprimé apparaît accidenté et peut-être mort. En 4, le contenu fourni pourrait paraître banal : une femme et un homme qui vont s'embrasser et puis s'épouser. Il faut y voir là un fantasme se rapportant au couple parental idéal dont la présence sécurisante serait souhaitée. En 6BM, qui se profile derrière Elvis Gratton? Difficile de trancher : est-ce Thierry, le père ou le grand-père? De toute façon, il semble y avoir ici une manifestation de violence visant la figure (grand-)maternelle. En 7BM, le rapport au grand-père (malade) est mis en scène : nouvelle manifestation de violence, mais elle vise cette fois la figure (grand-)paternelle. En 8BM, il aurait été intéressant de faire préciser à Thierry qui est l'objet de l'opération; il se pourrait que ce soit la figure paternelle, mais on peut également penser qu'il s'agit d'un support identitaire (il y en aurait donc deux ici : l'un qui observe et l'autre qui subit). Le contenu donné en 10 n'est pas très rassurant non plus : une manifestation de tendresse entre une fille (support identitaire) et le papi connaît une fin dramatique dans laquelle ils meurent tous les deux. En 11, un tyrannosaure surgit dans une scène de jeux rassemblant des garçons (support identitaire) et mange la tête de quelqu'un (parmi ces garçons) : attaque sur le soi perpétrée par un monstre de violence situé dans l'environnement (celui-ci étant présenté comme hostile). Il se peut que Thierry fasse au clinicien une quasi-confidence au sujet d'un abus sexuel dont il aurait été victime. L'anxiété suscitée par la planche 11 n'est pas surmontée en 12BG, ce qui est typique des sujets en grande difficulté : une demoiselle en bateau (support identitaire) fonce dans un arbre et meurt noyée (la mère ne pouvant la sauver). En 13B, le sujet apparaît derrière ce petit garçon qui s'est fabriqué un piège à eau (persévération d'un thème de la planche précédente?) et qui en est victime : le support identitaire est donc une fois encore présenté comme étant en difficulté et sans ressource, comme abandonné. En 19, les deux supports identitaires s'amusent puis l'un fonce dans le mur, se bat avec lui (celui-ci étant décrit et présenté comme un humain : la figure paternelle?); il sort perdant de cette bataille. En 16, le support identitaire se baigne dans un lac (évocation possible de la figure maternelle ici de manière symbolique); il se fait manger par des piranhas (évocation possible de la figure paternelle qui abuse de lui). Les productions graphiques ne sont pas plus rassurantes. Thierry ne dessine pas de famille (ce qui veut dire : « Je n'en ai pas » ou « Je n'en vois pas » ou, encore, « J'aime mieux ne pas en parler »). Soit il est derrière son copain, soit celui-ci n'est rien d'autre qu'un prolongement du soi. Le dessin libre met en scène le même contenu. Les personnages allumettes nous mettent généralement en présence de sujets peu investis sur le plan affectif et déprimés. Au Rorschach, la qualité moyenne des formes est *faible+*, ce qui laisse voir une difficulté bien présente dans l'adaptation au réel et dans la capacité de lire de manière adaptée ce qui provient de l'environnement (épreuve de réalité). L'adaptation est précaire. Il y a des indices d'opposition : deux productions du type *space*; il y a en outre un indice de *faux self* : un masque (pour se protéger contre l'environnement?). Des figures humaines ou quasi humaines, trois sont inquiétantes : Dracula, monstre, squelette vampire. Les objets présentés derrière les formes faibles (Fw- et F-) sont les suivants : bolide, dinosaure, carabine, tête de mort, « cahos-zéros » (personnages dans l'eau : reprise d'une identification donnée au TAT) et piranhas. On peut aussi noter la présence d'objets agressifs : carabine, deux « guns » et un piranha avec une épée dans la bouche. Il n'y a pas de mouvement humain, ce qui laisse voir une capacité plutôt pauvre d'entrer en relation avec les gens. L'élaboration donnée en VIII soulève une impression d'étrangeté : un bus de lave avec des yeux, des bras et des pieds en lave. Il pourrait s'agir d'une représentation de la violence interne. Le jeu libre peut fort bien être vu ou doit être vu comme une expression de la violence défensive même s'il présente une apparence phallique : il s'agit de faire disparaître l'autre beaucoup plus que de montrer ou d'établir sa supériorité à ses dépens. La dynamique affective de Thierry semble campée très près de la psychose. C'est heureux que ce garçon se soit attaché à la clinicienne si rapidement, mais qu'il la prenne à bras le corps montre bien l'intensité de sa détresse et de sa quête affective. Il n'est pas loin de démissionner sur ce plan, si l'on considère l'ensemble du matériel; la psychose, qui n'est pas loin, selon nous, risque de s'installer définitivement quelque part à l'adolescence, si l'état actuel persiste.

Vincent (11 ans) : En 1, le violon, figuration du soi, est inutilisable, car il manque une corde. On va le réparer, cependant : il y a donc espoir de réparation du narcissisme (primaire). En 2, Vincent ne propose pas de structuration en ce qui concerne les relations : les personnages sont comme juxtaposés, sauf pour la promenade à cheval. Celle-ci se termine mal d'ailleurs : les deux personnages à l'arrière-plan tombent du cheval et sont frappés par le sabot de l'animal. En 3BM, le garçon évoque une double expérience de perte (parents partis et chien mort), puis des retrouvailles avec le père, qui fait montre d'une très grande émotion : Vincent manifeste ainsi son désir de compter pour les parents et sa déception de constater qu'il n'en est rien. En 4, il fait apparaître le couple parental idéal. En 7BM, il y a évocation d'une expérience de perte et de tristesse. En 8BM, le mauvais est enlevé du cœur, qui est finalement remplacé par un cœur nouveau : réparation narcissique espérée. En 10 apparaît le besoin d'étayage et de réassurance par les parents. En 11, Vincent mentionne encore une expérience de chute, puis l'espoir d'une réparation narcissique. En 12BG, il semble que le « dinosaure » aperçu en 11 est à nouveau évoqué ici : il pourrait s'agir de Y., l'agresseur sexuel. En 13B, l'allégorie fait état d'une expérience de solitude, d'ennui. En 19, le soi se déguise en sorcière, fait une potion avec son chat pour se défendre contre ses ennemis. L'élaboration donnée en 16 paraît vraiment manquer de logique pour un garçon de cet âge. Au Rorschach, le niveau des formes est faible, ce qui trahit une faiblesse évidente dans l'adaptation au réel et dans l'évaluation de ce qui se présente au sujet dans la réalité. Les figures hostiles ou agressantes sont nombreuses : abeille, monstre, méchant, crocodiles, poisson méchant, dragon. C'est manifestement un sujet qui est très perturbé (en violence défensive). Il y a des incongruités ou des bizarreries : dragon qui lance du feu, de l'eau et de la glace; les crocodiles ont coupé les têtes et ont mis un cœur dans chaque tête. Le fonctionnement affectif de ce garçon est près de la psychose. L'espoir d'une réparation narcissique subsiste, mais il risque de disparaître dans le tumulte de l'adolescence si une psychothérapie n'est pas mise en place rapidement.

Chapitre quatrième

Analyse de quatre cas

L'étude comparative des significations révélatrices d'un mode particulier ou encore d'une problématique particulière à l'intérieur d'un même mode peut avoir fait oublier l'intensité de l'éclairage qui, normalement, provient de l'analyse en succession des productions d'un même sujet. Autrement dit, la comparaison des allégories pratiquée par niveaux ou à l'intérieur d'un même niveau au chapitre deuxième peut avoir rendu plus complexe qu'elle n'est en réalité la tâche de l'interprétation. Cette approche ne permet pas vraiment de prendre conscience de l'effet de « cumul » découlant d'une analyse ou d'une présentation des allégories données planche après planche. Pour ces raisons, il importe maintenant de pousser plus loin le passage d'une analyse qualifiée antérieurement de « transversale » à une analyse vraiment « verticale ». Pour ce faire, nous allons étudier les quatorze allégories de quatre cas, tous adolescents : celles d'un œdipien (Tristan), celles d'un anaclitique phallique (Félix), et celles de deux anaclitiques médians (Maxime et Valérie).

Afin de rendre plus profond le travail d'interprétation et plus raffiné son résultat, nous prendrons soin de donner un minimum d'informations anamnestétiques. Dans deux cas sur quatre, nous ferons état du jeu libre produit par l'adolescent après la passation de l'épreuve thématique. L'étude de cette production permet de constater la grande parenté des contenus, d'un type d'épreuve à l'autre.

Tristan, 14 ans

Quelques données tirées de l'anamnèse

Tristan a 14 ans. Il est en secondaire 2. Ses parents l'amènent en consultation parce qu'il présente à leurs yeux une grande timidité. Cet état est présent depuis longtemps. L'adolescent est cependant devenu plus renfermé à compter de ses onze ans, depuis, selon les parents, qu'on a découvert qu'il était diabétique. Notons que la même année, la famille a déménagé, ce qui a éloigné Tristan de ses amis. L'adolescent n'a pas véritablement d'amis présentement, passant beaucoup de temps avec son frère de 4 ans. Il est vraiment réservé avec sa famille. Il n'a pas eu de réaction particulière après la naissance de son frère. Il a cependant vécu avec plus d'émotion la perte de son grand-père; les parents ont alors été surpris de le voir pleurer. Au primaire, Tristan a été reconnu comme étant aux prises avec un TDAH; il a alors été mis sous Ritalin, puis sous Concerta et, actuellement, il prend du Vivance. Il enfreint souvent les règles, ne se soucie pas des consignes de manière régulière, tend à mentir, et ce, surtout depuis son entrée au secondaire. La mère doit surveiller sa glycémie, ce qu'il devrait faire lui-même normalement; il est trop brouillon sur ce plan pour qu'on puisse se fier à lui. Il réalise des activités avec son père, aller à la pêche notamment. Pour ce qui est de l'accès à l'intimité, les parents décrivent leur attitude comme libérale; c'est plutôt « portes ouvertes » dans la maison.

TAT

1 – *Ouais, un petit gars qui regarde le violon. I' a toujours essayé d'être bon, mais tout le monde le trouvait poche. I' se demande ce qu'i' va faire de son avenir.*

Cette allégorie a été analysée en tout dernier lieu, comme il est préférable de le faire dans le cas où le travail interprétatif peut emprunter plusieurs directions. Tristan nous décrit de manière métaphorique l'état d'inquiétude qui est le sien, parce qu'à cause de ce qui s'agite en lui et qui lui paraît insoluble, il n'arrive pas à faire justice à son potentiel (pourtant magnifique). Il confie à quel point il s'inquiète de ce qu'il va faire dans la vie.

2 – +++ *Un gars agriculteur qui, à chaque matin, va chercher son cheval pour aller chercher des légumes dans le champ pour nourrir la femme et la fille et, après, la fille s'en va à l'école.*

Le support identitaire est le gars agriculteur, qui assume les rôles d'un mari responsable et d'un père efficace. La figure paternelle n'est pas dans le paysage. L'allégorie qui suit indique ce qu'il est advenu d'elle :

3BM – *La fille est triste et en dépression parce qu'à un moment donné, i' sont partis à l'épicerie et son mari est mort dans sa face. Elle a commencé à déprimer et elle est tombée dans le coma et, depuis, en dépression.*

L'hypothèse à retenir serait que c'est la figure maternelle qui se profile derrière la fille en dépression après la mort (souhaitée par Tristan) de la figure paternelle.

4 – *Du monde qui prend des photos des artistes. I' sont dans un studio en train de se faire poser. I' arrivent pas à bien se placer pour prendre une photo. Finalement i' ont réussi à prendre une photo.*

Serait-ce la photo du couple imaginé en 2? Il se pourrait que la difficulté « à bien se placer » manifeste le malaise ou la culpabilité ressentie par rapport à ce qui a été évoqué dans les deux allégories précédentes.

5 – *Ses enfants sont partis jouer dans la maison. Elle les appelle pour souper. Elle les cherche. Quand elle appelle, i' répondent pas. I' finissent par arriver une heure après.*

La figure maternelle pourrait bien appeler pour le souper les enfants qu'elle assumerait avec le support identitaire.

6BM – *Dans une église parce que quelqu'un dans la famille est mort. Monsieur s'en va s'excuser devant la madame parce que son mari est mort.*

La culpabilité refait surface dans cette allégorie et d'une manière plus évidente. Il n'est pas difficile en effet de deviner l'identité de la personne de la famille qui est morte : c'est le mari de la figure maternelle, c'est-à-dire la figure paternelle. La culpabilité s'exprime clairement : « Monsieur s'en va **s'excuser** devant la madame parce que son mari est mort. » Si le support identitaire voit la nécessité de s'excuser auprès de la figure maternelle de la mort du mari de celle-ci (et, donc, de son propre père), c'est qu'il s'en sentirait responsable si la chose arrivait vraiment comme il le souhaite.

7BM – *C'est le père et le fils (hésitation), assis sur le divan à regarder une émission de Ski-Doo. Le fils demande au père d'aller faire du Ski-Doo ensemble parce que ça a l'air le fun.*

Le support identitaire (le fils) aimerait bien être rassuré sur les sentiments de la figure paternelle à son endroit. Il souhaite au fond que le père ne lui tienne pas rigueur du souhait de le voir mourir qui l'habite.

8BM – *Un gars qui a eu un gros accident. À l'hôpital, i' est en train de se faire opérer. Sans faire exprès, les médecins ont mal fait l'opération parce que c'est la première fois qu'i' faisaient ce genre d'opération. Pis i' est mort.*

Le souhait que le père connaisse un destin funeste est une nouvelle fois exprimé dans cette allégorie.

10 – *Un gars et une fille qui viennent de se marier. Là, quand i' arrivent pour célébrer, i' peuvent plus partir parce que le char a été volé. Obligés d'appeler un taxi, i' vont attendre deux heures.*

Le support identitaire et la figure maternelle (celle-ci se profile derrière la fille) convolent en justes noces. Le mouvement castrateur s'affiche tout de suite : le « char » a été volé; ayant fait appel à un taxi, ils devront attendre deux heures pour aller célébrer l'union.

11 – *Un petit pont de pierre étroit. I' y a des chevaux au bout et la colline s'effondre. I' peuvent pas passer parce que les pierres bloquent le chemin. Deux chevaux meurent et deux autres sont blessés. I' y en a un qui réussit à traverser le pont. I' a sauté par dessus.*

Le mouvement castrateur continue de s'afficher dans cette traversée périlleuse; deux chevaux meurent et deux autres sont blessés. Un cinquième réussit à franchir le pont en sautant par-dessus. Bien évidemment, c'est le support identitaire qui s'en sort indemne, malgré la gravité de la situation (châtiment craint).

> 12BG – *Ça, c'est un bateau échoué parce que l'eau a baissé, plus d'eau pour y aller et c'est trop long avant que l'eau revienne et la barque est trop pesante. Elle est envahie par les bibittes et le gars est porté disparu.*

La figure paternelle est une nouvelle fois placée, sur le plan imaginaire, dans des conditions qui s'avèrent funestes : elle est portée disparue. Ne pourrait-on pas faire l'hypothèse que, dans cette situation imaginée, ce soit le support identitaire qui subit le châtiment mérité? C'est possible, compte tenu de ce qui a été produit en 11 et de ce qui va l'être en 13B. Cependant, il est plutôt exceptionnel que le châtiment attendu ou craint par l'œdipien soit mortel, car, dans une telle éventualité, celui-ci laisserait le champ libre au papa pour continuer de jouir de l'amour de la mère; il se trouve que, très généralement, le renoncement à la victoire œdipienne ne se réalise pas de cette manière. En outre, si un tel renoncement avait été amorcé, Tristan aurait cessé de présenter les symptômes qui le tenaillent.

> 13B – *Un petit gars dans une cabane dans les arbres. Lui, i' aimerait avoir un ami pour jouer dedans. Mais y a personne. I' se demande comment faire pour se trouver un ami. Finalement, i' en trouve un et ils jouent dans la petite cabane.*

Le support identitaire éprouve un nouvel accès de culpabilité consécutivement au contenu de l'allégorie précédente. Le papa ne lui a-t-il pas bâti cette cabane dans les arbres, lui témoignant ainsi son amour? Tristan peine à supporter la distance entre son papa et lui. La solitude qui en découle lui pèse énormément. Il lui faut trouver un ami pour la faire disparaître. Il n'est pas impossible que cet ami (re)trouvé soit le papa lui-même, comme l'a laissé entrevoir l'allégorie produite en 7BM.

> 19 – *Une petite île où le monde peut pas sortir parce qu'i' y a pas de bateau. L'eau « fesse » fort et les maisons se remplissent. Y en a qui habitent dans le sol, comme des magiciens et d'autres personnes à la surface de l'île.*

Tristan produit devant cette planche une allégorie qui présente le même contenu latent que celle donnée en 11 : la culpabilité qui l'habite lui donne l'impression d'être prisonnier de conditions dangereuses. Il souhaiterait sans doute découvrir une recette magique apte à le placer hors d'atteinte de cette anxiété qui « fesse fort » et qui gagne en intensité.

> 16 (Blanche) – *À l'Halloween, un petit gars qu'on pensait qu'i' avait un costume, mais c'était son apparence pis les gars en avaient peur et i' avait pas d'ami. Tout le monde lui donnait des bonbons parce qu'i' en avaient trop peur.*

Le support identitaire (« un petit gars ») a vraiment vilaine apparence. Il fait peur et il n'a pas d'ami; si on lui donne des bonbons, c'est pour qu'il s'en aille, qu'il quitte la place. D'une manière métaphorique, Tristan décrit la manière dont il se sent intérieurement et dans ses relations avec les autres; il précise à quel point il se perçoit comme affreusement laid, comme effrayant, même, et comme condamné à la solitude. C'est la culpabilité ressentie en raison des désirs entretenus de voir disparaître son papa pour hériter de la place de celui-ci près de sa mère qui se profile derrière ce profond malaise intérieur. Ce malaise, Tristan tente de le calmer ou de le gérer le mieux possible en ayant recours à l'agir de façon excessive. Voilà la réalité dynamique qui s'agite en lui et qui le rend plus ou moins insupportable aux gens qui l'entourent.

Jeu libre

> Tristan choisit le château de pirates, puis des personnages. Il prend un cheval et six personnages. Il leur donne un équipement, du type casques et épées. Il place une princesse dans le haut de la tour. Elle est surveillée par deux gardes, un en bas et l'autre dans la tour, tout en haut, près d'elle. Trois soldats sont en bas et ils veulent prendre la princesse. Deux sont armés et l'autre n'a pas d'arme. Ce dernier attaque en premier et il se fait tuer par le premier garde. Le second soldat parvient à tuer le premier garde, mais le second garde parvient à le tuer, car il a une épée spéciale. Le troisième soldat, qui possède une armure, parvient, lors du combat, à faire tomber le deuxième garde de la tour. Il s'empare alors de la princesse et l'amène dans un royaume où ils deviendront roi et reine du village.

Commentaire donné en supervision

Le jeu libre met en scène un affrontement entre deux clans (les soldats étant le support identitaire et les deux gardes figurant le rival paternel) pour un enjeu, la princesse (symbolisant la mère œdipienne convoitée). Le soldat doté d'une armure va convoler en justes noces avec la princesse et les deux deviendront roi et reine du village. Pas de doute possible sur la nature du fonctionnement affectif du garçon : il est œdipien. Tristan n'a pas renoncé à la victoire dans son combat contre le père pour la possession du cœur de la mère. Il est habité par une très forte culpabilité (à l'endroit du père) en raison de sa quête de la victoire œdipienne; il se peut fort bien qu'il vive son handicap à la main comme une punition méritée (construction après-coup). Il est derrière le laboureur en TAT 2; la figure paternelle est reconnue comme décédée en 6BM et en 8BM, le monsieur (support identitaire) s'excuse auprès de la madame de la mort de son mari; il faut bien sûr reconnaître ici une position qui trahit la culpabilité de Tristan d'avoir souhaité la mort ou la disparition de son père. L'angoisse de castration (ou de punition) est très présente : en 1 (anxiété de performance et interdiction de réussite), en 10 (les mariés se font voler leur voiture!), en 19 et en 16 (blanche). On peut retenir l'hypothèse que l'arbre qui a reçu un coup de canon dans son tronc dans le MAP est la figuration symbolique soit du tort causé au père aimé, soit de la punition méritée pour avoir souhaité un destin funeste au papa rival.

Félix, 9 ans

Motif de la consultation

Félix est aux prises avec un trouble de nature obsessionnelle compulsive qui est présent depuis un an et demi et qui va en s'aggravant. Il s'agit surtout de pensées intrusives et de réactions aux nombres impairs. Les parents vivent ensemble; ils ont un deuxième fils, qui est plus jeune que Félix.

Jeu libre

> Le bateau de pirates est sur l'eau. Les enfants sont réveillés; i' veulent sortir de leur lit. I' voient un couteau; un enfant va le dire à son père, qui lui répond : « Va te coucher, i' est tard. » L'enfant va se coucher. Les pirates montent pour voir s'il y a des roches. I' s'en vont explorer une grande montagne! En chemin, i' vont se baigner! L'enfant sort de sa chambre et conduit le bateau. Quand les pirates se tournent, le bateau est loin. Le pirate qui est dans le mat les cherche. Les pirates nagent vite et i' reviennent. I' vont à la grande montagne. I' trouvent beaucoup d'or et de diamants.

Le support identitaire est l'enfant qui n'arrive pas à se faire entendre du père au sujet de la présence d'un couteau. Dans le voisinage, il y a des pirates qui envisagent d'explorer une grande montagne. Le support identitaire accomplira l'exploit d'aller conduire leur bateau et de leur permettre d'aller sains et saufs à la découverte d'or et de diamants. Cette allégorie laisse voir le désir de comblement phallique de son auteur et l'attitude inadéquate du père à son endroit.

TAT

1 – *I' est peut-être triste parce qu'i' voit quelque chose sur son pupitre, mais i' voulait pas avoir ça ou faire ça. I' doit faire quelque chose qu'i ne lui tente pas de faire. Peut-être que ses parents disent : « Joue au violon; t'es bon »; mais lui, i' veut pas. (?) I' joue et i' est content; i' a gagné quelque chose.*

Le hiatus entre ce que le support identitaire veut avoir ou faire avec ce qu'on lui donne ou ce qu'on lui demande de faire est présenté d'emblée. Félix semble dire : « Si au moins mes parents m'encourageaient et me disaient que je pourrais réussir, je finirais par me mettre à la tâche et réussir. »

2 – *Une madame qui regarde ici; un garçon va proche d'une ferme. Une autre madame regarde de l'autre côté. La madame à l'avant a l'air triste. L'autre a l'air de dire : « Va faire ça; c'est la bonne décision (elle dit ça au garçon). » Le garçon est surpris, car i' regarde là et le cheval aussi.*

Il n'y a pas de structuration relationnelle explicite des personnages représentés sur l'image. Il se pourrait qu'il y ait deux supports identitaires : la femme (aux livres) qui est décrite comme triste; elle symboliserait l'état intérieur de Félix; le second support serait le garçon, qui reçoit des indications sur la marche à suivre de la part de la deuxième femme. On peut faire l'hypothèse que celle-ci représente la mère intrusive, dominatrice ou peut-être même infantilisante.

3BM – *Elle est triste, car elle voulait aller quelque part avec ses amis, mais elle peut pas; donc elle est dans sa chambre accotée sur son fauteuil et elle pleure.*

Le support identitaire est cette fille triste (reprise de l'allégorie précédente) qui est empêchée d'aller quelque part avec ses amis. C'est l'incapacité d'être traité ou considéré comme un grand qui est pointée ici encore.

4 – *Eux, i' sont contents. Lui, i' regarde quelque chose; elle dit : « Qu'est-ce que tu regardes? » Elle le trouve beau; elle a pas l'air très contente. Peut-être que le garçon regarde quelque chose et elle dit : « Qu'est-ce que tu regardes? »*

Rien n'indique qu'il s'agirait ici d'une situation de couple. Félix utilise l'homme comme support identitaire. La femme pourrait fort bien être la figure maternelle; celle-ci, même si elle trouve le support identitaire beau, ferait montre d'être insatisfaite et, de façon insistante et pratiquement intrusive, chercherait à savoir ce qui peut bien attirer son attention.

5 – *Elle ouvre la porte; elle voit toute la chambre à l'envers; peut-être que ses enfants ont joué au baseball, au hockey, au tennis, aux pirates. I' ont fait exprès de faire du bruit… I' ont comme 5 ans.*

On doit lire cette allégorie comme si elle était dans le prolongement direct de la précédente. Voici ce que la mère verrait de toute façon (son regard étant prédéterminé) si Félix lui permettait de voir en lui : un monde à l'envers, désordonné, bruyant, le monde d'un petit, en somme.

6BM – *La femme regarde dehors; quelqu'un partait avec son fils dans l'auto. I' l'ont attrapé. Le père est triste; c'était un voleur d'enfants, une fille ou un garçon. Peut-être que quelqu'un est mort et que le grand garçon est triste parce que c'est arrivé. Oui, je pense que c'est ce que je viens de dire [qui est arrivé].*

Il y a confusion au sujet de l'identité de l'homme : il est d'abord présenté comme le père puis comme le grand garçon. Félix se profile derrière l'enfant volé. Il ne ferait rien d'autre ici que de souhaiter que ses parents soient secoués psychologiquement par sa disparition, si jamais elle survenait : il aurait ainsi l'assurance qu'il était vraiment important pour eux. Il n'est cependant pas impossible, quoique moins probable, selon nous, que le support identitaire soit les gens qui ont attrapé le voleur d'enfant, exploit susceptible de susciter l'admiration des parents.

7BM – *Lui, i' dit un secret à lui; quelque chose de pas gentil sur ce qu'i' est en train de regarder, comme : « Ah, c'est quoi ça? »*

La figure paternelle adresse au support identitaire des propos dévalorisants. L'évocation de l'action de regarder (celle-ci a également été évoquée devant les planches 2, 4 et 5) peut fort bien laisser croire que les parents se laissent aller à des propos désobligeants au sujet de ce que Félix regarde à la télévision ou sur son ordinateur, ce qui aggraverait la piètre estime qu'il a de lui-même.

8BM – *Elle [en avant-plan] et lui étaient des soldats. Elle a survécu, mais lui, i' avait un problème avec son bras; donc, lui et lui ont fait quelque chose avec son bras... Peut-être qu'i' a le cancer. Lui après 3 jours, i' est normal. C'est peut-être son ami ou son chum.*

Le support identitaire est manifestement le personnage blessé au bras, qui pourrait avoir le cancer. Félix exprimerait alors son sentiment au sujet de son mauvais état psychique. Il aimerait pouvoir compter sur l'aide de quelqu'un pour guérir et retrouver sa capacité d'avoir des amis. La psychothérapeute pourrait fort bien se profiler derrière le personnel soignant.

10 – *Lui, i' donne un « colleux » à cette fille-là et un bizou, parce qu'elle était triste, parce que elle a pu un ami ou a déménagé et qu'elle ne voit pu ses amis... C'est peut-être son père qui lui donne un « colleux », parce qu'elle est triste.*

Le personnage triste qui a servi de support identitaire dans les trois premières allégories (planches 1, 2 et 3) retrouve son usage ici. Félix souhaiterait pouvoir compter sur le soutien affectueux de son père pour affronter les difficultés qui sont les siennes au niveau des interactions sociales.

> 11 – *Une grande montagne, beaucoup de roches. Des personnes essaient d'apporter un bœuf de l'autre côté du pont comme ça pour le manger. I' poussent et poussent. Le bœuf est trop fort, i' s'échappe. Les humains ont attrapé cinq lapins et les ont mangés.*

Dans cette situation périlleuse et pour assurer sa survie, le support identitaire (« des personnes » ou « les humains ») s'est donné comme défi de faire avancer un bœuf au-delà d'un point stratégique. Malheureusement, la tâche n'a pas abouti comme souhaité : le bœuf s'est échappé et le support identitaire a dû se contenter de cinq lapins. De façon métaphorique, Félix se désole de son incapacité d'être à la hauteur dans ce qu'il doit accomplir : souvent, à ses yeux, la montagne accouche d'une souris ou le bœuf se transforme en cinq lapins…

> 12BG – *I' y a juste un canot et un arbre. Peut-être que quelqu'un était allé quelque part et a laissé son canot là. (Où est-il allé?) Chercher des framboises, des bleuets, des pommes. I' a trouvé tous les fruits.*

L'espoir subsiste quand même chez le garçon de voir les choses changer : dans cette allégorie, son support identitaire en arrive à « trouver tous les fruits » souhaités.

> 13BG – *Peut-être que lui, ses parents ont dit : « Non, t'as pas le droit d'aller à l'ordi » ou quelque chose. I' était pas content alors i' est allé à la porte de dehors, i' s'est assis… i' s'est dit des choses pas gentilles dans sa tête peut-être ou peut-être qu'i' font un pique-nique dehors, mais i' peut pas y aller parce qu'i' y a de l'alcool ou que c'est trop tard.*

Comme il n'a pas comblé les attentes parentales, le support identitaire s'est vu interdire l'accès à l'ordinateur. Dans la deuxième allégorie, il est tenu à l'écart d'un pique-nique parce qu'on considère qu'il ne fait pas partie du monde des grands. Ces deux situations sont familières aux sujets en difficulté sur le plan phallique.

> 19 – *La personne regarde dehors parce qu'elle veut aller jouer; i' y a quelqu'un qui regarde aussi dehors… peut-être sa sœur, mais leurs parents disent de pas aller dehors, car i' y a deux yeux, des longs bras… que si i' vont dehors, peut-être que le monstre va les attraper. (?) Les deux sœurs*

vont pas aller dehors; après une heure, le monstre est tanné d'attendre... puis elles peuvent aller dehors.

Cette allégorie révèle comment Félix juge le comportement de ses parents à son égard : selon lui, ils se comportent comme s'il était une petite fille qu'il faudrait garder à l'intérieur de la maison et protéger contre un être menaçant rôdant aux alentours, un monstre qui s'apprêterait à l'attaquer dès l'instant où elle se serait aventurée hors de leur vue.

16 – *Quelqu'un au milieu à gauche, très énervé, car i' va jouer sa première partie contre une équipe au hockey, mais son autre frère est triste; i' est jaloux, car i' est plus jeune et i' ne peut pas jouer. Quand la partie est finie, i' reviennent à la maison; i' peuvent aller jouer au hockey au parc sur la glace.*

Le support identitaire est bien évidemment le frère plus jeune, qui ne peut jouer. Il doit se contenter de jouer au parc, c'est-à-dire en dehors d'un contexte où il pourrait se faire valoir véritablement aux yeux de ses proches et d'autres spectateurs. Comme Félix est l'aîné de deux garçons, il pourrait dénoncer ici le fait que ses parents le traitent comme s'il était plus jeune que son frère.

Jeu libre supplémentaire

C'est un patron avec ses deux employés. Le boss est content à son bureau. Un de ses employés veut faire un concours pour qu'on voie qui est le plus fort. L'autre employé, c'est un champion de course automobile. I' veut sortir faire le concours, mais son boss lui dit qu'i' ne peut pas sortir : i' doit finir de travailler. I' sort pareil, mais son boss est pas content; i' va le chercher. Le gars, i' retourne à son bureau et i' travaille encore. Une semaine après, l'autre employé va lever des choses très lourdes, des milliers de livres. I' gagne le concours et i' reçoit l'argent : cinq milliards de dollars. Après, le boss dit à ses employés : « Je n'ai plus besoin de vous, j'ai mon argent maintenant. » L'employé [celui qui est très fort] répond : « Non, c'est mon argent, c'est moi qui l'a gagné. – Je suis ton boss. – Non, c'est mon argent. » I' prend son boss et l'envoie par la fenêtre. I' dit : « C'est moi le patron maintenant. » Tout le monde est correct avec ça, même le champion de course. Le patron trouve un autre job dans un autre édifice.

Dans cette allégorie, Félix manifeste de manière on ne peut plus explicite son désir d'être comblé phalliquement. Son support identitaire est l'employé qui veut s'absenter de son travail pour participer à un concours visant à déterminer qui est l'homme le plus fort. Il se voit refuser par son patron la possibilité de prendre part à ce concours, et ce, pendant une semaine. Finalement, il en vient à pouvoir participer; il gagne et remporte un prix d'une valeur de cinq milliards, somme que le patron considère comme devant lui revenir. Il refuse tout net et il se débarrasse du patron, prétendant être le nouveau patron, ce que tout le monde accepte. Il est fort probable que la figure paternelle frustrante (sur le plan du narcissisme phallique) se profile derrière ce patron intransigeant, qui refuse l'adoubement au support identitaire et qui voudrait même s'approprier les mérites de sa réussite (si jamais celle-ci survenait).

Maxime, 9 ans

Motif de la consultation

Les symptômes présentés par Maxime répondent aux critères définissant le TDAH; ils sont d'un niveau très important : opposition, hyperactivité, inattention, agitation, impulsivité, labilité émotionnelle, problèmes d'apprentissage, défiance/agressivité. Ils sont présents depuis longtemps, selon la mère, qui rapporte qu'il a été un bébé très porté à pleurer et très actif. On note actuellement, en outre, une façon immature et inhabile d'entrer en relation avec les pairs. Le garçon n'a pas redoublé jusqu'ici, mais il est présentement suivi en orthopédagogie.

Les parents vivent ensemble; ils divergent d'opinion au sujet des méthodes éducatives, la mère étant permissive (elle essuierait encore l'enfant lorsqu'il va à la selle), et le père, très autoritaire et exigeant. Ce dernier a des attentes très élevées au sujet de ses trois enfants, tous des garçons. Maxime est le deuxième des trois, les deux autres ayant 11 et 6 ans respectivement.

TAT

1 – Il était une fois un petit garçon qui avait cassé son violon et qui était fâché. (?) Après, i' a toute cassé sur son passage. (Pourquoi est-il fâché?) Parce qu'i' a cassé son violon. (Comment se fait-il qu'il l'a cassé?) Parce qu'i' l'a échappé à terre.

Le support identitaire est habité par la colère après le bris de son violon, bris dont il est lui-même responsable, mais après une action malheureuse.

> 2 – *Il était une fois, dans un désert, une ville pauvre. I' y a un champ dans une petite ville. I' y a eu une tempête de sable. Après, je vois un cheval. Après, toutes les maisons vont être détruites. La petite fille là, elle a 21 ans. (?) On dirait qu'elle a des livres dans la main. (?) Toutes les personnes sont mortes et toutes les maisons sont détruites.*

Maxime reconnaît d'emblée à la situation des caractéristiques négatives : désert, pauvreté de l'environnement. Une tempête de sable fait rage. Elle détruit toutes les maisons et fait mourir toutes les personnes. Il pointe la femme aux livres (« la petite fille ») en affirmant qu'elle a 21 ans. Il est fort probable que ce personnage est le support identitaire, car l'expression qu'il utilise pour la nommer ne conviendrait pas pour désigner la figure maternelle. Ce qu'il faut noter ici, c'est l'aboutissement de l'allégorie : destruction et mort.

> 3 – *Un p'tit gars qui pleure. (Pourquoi il pleure?) Parce qu'à l'école, i' s'est fait écœurer par les plus grands, par des ados. (Comment ça va finir?) Ça va finir qu'i' va dans sa chambre et pleure.*

Dans cette allégorie, le sentiment de solitude et la souffrance de Maxime sont manifestés de manière plus directe, moins symbolique. L'un et l'autre découlent de difficultés éprouvées sur le plan des relations sociales. Le soutien des parents (ou des adultes de l'école) semble déficient.

> 4 – *Je sais vraiment pas. C'est un gars et une fille, dans leur maison. J'sais pas ce qu'i' font. J'sais pas c'est quoi i' regarde, le garçon. C'est des parents. I' ont trois enfants,*

deux gars et une fille. Le gars, i' a l'air fâché après ses enfants. (?) Parce que i' ont fait quelque chose de mal. (?) Quelqu'un a donné un coup à l'autre. (?) I' [celui qui a reçu le coup] va avoir une pénitence et i' recommencera pus.

Maxime est derrière celui qui a reçu le coup, mais qui écope du châtiment. Il prête à son support identitaire un sentiment d'injustice subie, une expérience qu'il vit vraisemblablement couramment à la maison dans ses relations difficiles avec ses deux frères, l'un plus vieux que lui, l'autre plus jeune.

5 – *C'est une grand-mère qui avait 75 ans. Elle a entendu un bruit. Elle est allée voir. Après, elle est comme un peu surpris, la madame. (De quoi?) Parce que i' avait un bruit. Elle est allée voir, puis c'était l'alarme de feu; ça fait qu'elle est sortie. La maison a toute pris en feu. Les camions de pompiers sont arrivés. (?) C'est ça : les camions de pompiers sont arrivés.*

La figure maternelle est mise en difficulté : sa maison passe au feu. On ne peut savoir en toute certitude si les pompiers sont arrivés suffisamment tôt pour limiter les dommages. Certes, la figure maternelle survit, mais sa propriété est drôlement endommagée. Il n'est pas osé de voir dans cette allégorie l'expression de la rancœur du garçon de ne pas être suffisamment aimé, de l'être moins que l'un ou l'autre de ses frères (ou peut-être les deux).

6BM – *Un gars et sa mère est là à côté; la mère doit avoir 80 ans et le gars a 35 ans. La madame, elle serait surpris comme si i' y avait quelque chose de grave qui pouvait être arrivé. (Quoi précisément?) I' y a eu une inondation;*

après, ça s'est arrêté et y avait pu personne. (Il y avait des gens?) Les personnes étaient dans leur maison et les maisons ont toutes été détruites. Les vitres ont été cassées et l'eau est entrée dans la maison. C'est ça la fin.

Le support identitaire (le gars de 35 ans) se fait l'annonciateur d'une mauvaise nouvelle à la figure maternelle : une inondation a détruit des maisons, l'une en particulier, dans laquelle pouvaient se trouver des êtres proches. Il se pourrait que ce soit le sort funeste souhaité à la fratrie qui est ainsi exprimé.

7BM – *C'est deux gars. Y en a un [le plus jeune] qui a l'air fâché parce que son fils est mort. (Comment est-il mort?) I' est mort par un feu; i' était chez son ami et la maison a brûlée et lui, i' a pas eu le temps de sortir; ça fait qu'i' est mort. (Quel âge avait-il?) 3 ans. I' était vraiment jeune. (?) Tellement qu'i' était triste, le gars, i' voulait se tuer; ça fait qu'i' s'est pas tué; i' est resté en vie. (Qui est l'autre monsieur?) C'est le grand-père.*

La clinicienne note qu'en élaborant cette allégorie, Maxime s'est essuyé les yeux, laissant voir qu'il était très touché par ce qu'il racontait. Questionné sur l'identité du personnage qu'il aimerait jouer si on faisait un film de cette « histoire », sans hésiter il répondit qu'il serait l'enfant de 3 ans mort dans l'incendie. C'est donc dire qu'il exprime le souhait que ses parents, particulièrement les figures paternelles (père et grand-père), soient habités par un grand chagrin dans l'éventualité de sa disparition précoce. Il aurait alors la certitude qu'il comptait vraiment pour eux, ce dont il doute actuellement.

8BM – *On dirait un petit gars. C'est comme des personnes. Son père a été tué parce que les ennemis là, i' ont pris un couteau et i' ont ouvert son ventre. Là, son fils, on dirait qu'i' est pas content. (?) Son père est mort et i' est resté seul avec sa mère.*

Maxime se profile derrière le petit gars et peut-être également derrière les ennemis qui s'en prennent au père, compte tenu des sentiments ambivalents qu'il éprouve à l'endroit de celui-ci. Il n'empêche que le père (rival anaclitique) meurt, ce qui laisse au fils la possibilité d'une relation exclusive avec la figure maternelle.

10 – *Je sais pas ce qu'i' se passe.* ++ *Une vieille personne, un parent et un garçon. (Qui est la vieille personne?) Son père. Le père dit un secret à son fils. Le père a 25 ans, pis le grand-père a 52 ans. (C'est quoi le secret?)* ++ *J'sais pas. (?) I' fait le secret que le père a dit. (Comment il se sent?) Après, i' se sentent bien.*

Secoué par l'angoisse de perte d'objet provoqué par le contenu de la planche précédente, Maxime met ici en scène un rapprochement père-fils, au cours duquel le premier partage un secret avec le second (son support identitaire), et au terme duquel ils se sentent bien tous les deux.

11 – ++ *Je vois un trou là. On dirait une caverne et on dirait un bout de queue de dragon qui sort. Là y va rentrer. (Dans la caverne?) Oui. (Pourquoi?) Parce que c'est sa maison. Des roches ont tombé et là, i s'est blessé et là, i' a rentré chez eux.*

Cette planche réactive chez Maxime le sentiment d'être un être blessé, souffrant intérieurement, qui, comme le garçon victime d'intimidation en planche 3, doit panser ses blessures lui-même, sans l'aide de personne. Le dragon est bien évidemment le support identitaire.

> 12BG – *Je vois un arbre et un bateau. I' [le bateau] a été abandonné. (?) I' est brisé. (Comment?) I' a eu un trou; le bois était mou; l'eau est rentrée et i' a brisé. (Pourquoi a-t-il été abandonné?) Parce qu'i' était trop vieux. I' l'ont laissé là et c'est tout. I' l'ont laissé sur le gazon.*

Cette vision misérabiliste de sa situation psychoaffective est maintenue devant ce paysage pourtant apaisant de nature. Le support identitaire est ce bateau mal en point, abandonné, laissé à lui-même. En faisant référence à l'âge (« trop vieux ») comme raison de l'abandon, Maxime peut laisser entendre que quand il était tout petit, il avait l'affection et l'attention souhaitées.

> 13B – *C'est un garçon. I' a 6 ans. On dirait qu'i' est p'tit. On dirait qu'i' est nus pieds. (Qu'est-ce qu'il ferait?) I' est assis sur un banc. (Comment il se sent?) I' a chaud parce qu'i' est au soleil. (Qu'est-ce qu'il arrive?) Ses parents voulaient partir en voyage. Lui, i' a dit non. Ses parents sont partis et i' est resté tout seul. (?) I' appelle chez sa grand-mère et sa grand-mère va venir le garder.*

Ce sentiment d'avoir été abandonné par ses parents est également projeté sur ce garçon assis sur le seuil de la maison. Celui-ci, selon Maxime, aurait vu ses parents ne pas hésiter à partir en voyage, même s'il leur fallait prendre le risque de le laisser tout seul. Heureusement, il a pu compter sur une bonne maman de remplacement (la grand-mère).

19 – *C'est une maison. C'est l'hiver. Pis là, y a une tempête de neige. Y avait plein de neige partout. Pis y en a qui étaient pris dehors. (Qu'est-ce qui va se passer?) I' ont froid. I' ont décidé de prendre une pelle et i' ont déneigé. (?) I' ont tout déneigé la porte et i' sont rentrés.*

Le garçon laisse voir dans cette allégorie tous les efforts qu'il doit déployer pour profiter d'un milieu sécurisant et encourageant quand il traverse des situations difficiles. C'est de peine et de misère, en effet, que le support identitaire (ceux « qui étaient pris dehors ») en vient à pouvoir profiter d'un abri, d'un milieu protecteur, en pleine tempête.

16 – *Là, y a plein de personnes toutes blanches. (Pourquoi sont-elles blanches?) Parce qu'i' y a eu une tempête de neige et là, i' voyaient pus rien, les personnes, et là, i' veulent rentrer chez eux, mais i' voient pas leur maison. I' vont rester dehors jusqu'à la fin de l'hiver et ils vont peut-être mourir de faim. Ça s'peut que la neige fonde. (?) Tout le monde va mourir de faim.*

Maxime persiste dans la métaphore : comme son support identitaire (« plein de personnes toutes blanches »), il se sent perdu dans des conditions actuelles de tempête; il voudrait plus que tout rentrer chez lui, retrouver les siens, mais il n'y arrive pas, ne voyant même plus où ceux-ci peuvent être. Parviendra-t-il à se retrouver, à retrouver son vrai chez-soi au-delà du climat froid qui domine actuellement? Il affirme ne pas être certain de pouvoir y arriver; il laisse voir qu'il n'est pas certain de voir sa revendication affective (sa faim d'être aimé) être comblée éventuellement. Il est même porté à penser qu'il va mourir avant que cela puisse arriver.

Maxime est manifestement très déprimé. L'espoir d'être aidé est perceptible dans quelques allégories, mais il alterne avec des pensées noires et le désespoir. Il faut agir de toute urgence. Ce garçon a un grand besoin d'être aidé.

Jacinthe, 15 ans

Cette adolescente vit avec ses deux parents. Elle a une sœur de 19 ans.

Motif de la consultation

Affects dépressifs importants, automutilation.

Dès la première séance, Jacinthe avoue ne pas être tellement motivée pour la psychothérapie. Spontanément, elle confie qu'elle a l'impression d'être en train de se noyer alors que les gens autour d'elle respirent.

TAT

1 – ++ *Mon Dieu, je sais pas. J'sais vraiment pas. Le père, i' a acheté un violon à son petit gars. Mais lui, c'est pas du violon qu'i' veut jouer. Hum, hum. Ça fait que là, i' est triste parce qu'i' sait que son père, i' aimerait ça qu'i' soit un joueur de violon plus tard. I' est triste vu qu'i' est pas la personne que son père aimerait qu'i' soit.*

En se projetant dans la situation du petit garçon, Jacinthe révèle avec tristesse le hiatus existant entre ce qu'elle croit être et ce que son père pense qu'elle est.

> 2 – ++ *La madame, elle aimerait ça, partir (elle montre celle avec les livres) parce qu'elle est pas heureuse. Ça fait qu'elle aimerait ça partir, mais elle sait pas où, mais juste quelque part.*

Par la bouche de son support identitaire, Jacinthe exprime son propre désir de fuir le milieu familial ou la situation qui est la sienne actuellement.

> 3BM – ++ *Elle pleure parce qu'elle est tannée de vivre, pis elle se sent seul. Elle prie Dieu pour qu'il vienne la chercher pour que ça arrête. Elle dit qu'elle veut mourir, mais elle veut juste être sauvée. Pis elle sait pas quoi faire pour que ça arrête; ça fait qu'elle pleure en silence.*

La posture affalée du personnage de cette planche suscite chez Jacinthe l'expression d'affects dépressifs importants, mais également l'espoir d'être sauvée.

> 4 – ++ *Je sais pas. Le gars, i' quitte la fille. Ça fait qu'i' quitte. Ça fait qu'elle essaye de le retenir.*

L'anxiété de perte d'objet ou la peur d'être abandonnée est projetée sur le personnage féminin. Le « gars » n'est pas une figure de niveau œdipien; il s'agit plutôt d'une figure protectrice; le support identitaire attend de lui qu'il comble la solitude ressentie au niveau du soi.

> 5 – ++ *La madame, elle cherche sa fille dans la maison parce qu'elle la trouve pus. Elle sait pas où elle est.*

Elle aimerait que la figure maternelle s'inquiète à son sujet et se mette à la recherche des besoins de son soi. Elle aimerait compter pour elle.

6GF – *[Elle réfléchit plus d'une minute et demie] I' se chicanent parce que son mari a l'impression qu'elle lui cache quelque chose, mais elle prétend que non.*

Jacinthe se profile derrière cette femme qui cache quelque chose à celui qui est le plus près d'elle, celui-ci ayant un statut comparable au gars de l'allégorie donnée devant la planche 4.

7GF – *[Très long délai] La petite fille, elle tient sa petite sœur dans ses bras et elle espère que quand elle va avoir son âge, qu'elle va être heureuse.*

Jacinthe est probablement derrière la petite sœur; elle espère que sa sœur jeune adulte lui souhaite d'être heureuse à son âge et l'aide à y parvenir.

9GF – *[Très long délai] C'est-i' les mêmes personnes? (C'est comme tu veux). Sa mère, elle aurait trouvé sa fille dehors. Pis là, elle est fâchée. Pis la fille, elle se demande si elle devrait juste se retourner et partir en courant sans que sa mère s'en rende compte parce qu'elle veut pas retourner chez elle.*

Le support identitaire veut fuir le milieu familial et s'éloigner de la mère. Celle-ci est décrite d'une manière antipathique, comme quelqu'un qu'on doit déjouer et fuir.

10 – ++*Le couple, i' ont perdu leur fille. Elle s'est suicidée. Pis i' sont tristes parce qu'ils se sentent coupables. I' se demandent ce qu'i' auraient pu faire pour éviter ça, mais c'est trop tard [elle dépose la planche à plat sur la table plus sèchement que les précédentes].*

Les parents sont mis en scène pleurant le suicide du support identitaire. Le risque de suicide est certainement réel.

11 – *[Très, très long délai] La petite fille, elle se sauve pis i' y a des gens qui lui courent après. Elle a l'impression que quelque chose la retient, qu'elle court pas assez vite. Pis là, a saute en bas de la falaise.*

Cette chute doit être considérée comme fatale et, par cette action dramatique, Jacinthe veut échapper à la réalité déprimante, à la vie malheureuse qui est la sienne. Cependant, quelque chose aurait pu la retenir, aurait pu l'empêcher de précipiter sa course.

12BG – +++ *La petite fille, elle aime ça s'asseoir sur cet arbre-là. Être seul, écouter la musique. Être seule avec ses pensées.*

Être à l'abri sous l'attention et l'affection d'une figure parentale bienveillante et disponible, ou être portée par elle : voilà le souhait, exprimé de façon métaphorique, que Jacinthe prête à son support identitaire.

13B – ++ *Le petit gars, i' s'assit là parce qu'il veut pas jouer avec ses frères. Pis i' se sent seul, même si i' est pas seul. Il s'ennuie de quelque chose qui existe pas. Pis ses frères, i' comprennent pas.*

Jacinthe décrit le sentiment de solitude et d'incompréhension qui habite son support identitaire. Il est fort probable que ce qui est visé par l'expression « quelque chose qui existe pas » correspond à l'affection, à la chaleur dont elle se sent privée. Peut-être fait-elle le reproche à sa grande sœur de ne pas être disponible pour elle, de ne pas comprendre ce qui se passe en elle.

19 – *[Très, très long délai] Je sais même pas c'est quoi. [Tu peux imaginer ce que tu veux.] La petite fille, elle a mis le feu à la maison.*

Dans la peau de cette petite fille, l'adolescente exprime une grande violence à l'endroit soit de la figure maternelle, soit d'elle-même (autodestruction).

16 – +++ *[La clinicienne note : Jacinthe laisse la carte sur la table; elle semble contrariée.] La fille a voudrait écrire une dernière lettre à ses parents pour leur dire qu'elle s'en va, mais qu'elle reviendra pas. À chaque fois, elle jette la lettre et elle recommence. Elle trouve pas les mots.*

Jacinthe imagine le scénario du dernier contact (par lettre) avec ses parents pour les aviser qu'elle s'en va définitivement, mais elle ne trouve pas les mots. Ici encore, quelque chose la retient : l'espoir d'être entendue et aidée. Il y a péril en la demeure.

Le risque d'un passage à l'acte suicidaire est très réel dans le cas de cette adolescente. Il est conseillé à la psychothérapeute d'aborder cette fille comme suit : « Je sais, Jacinthe, que tu te sens seule et incomprise. Je sais que par moments, tu as envie de fuir, de partir et même d'en finir. Mais il y a quelque chose qui te retient. Se peut-il que ce soit l'espoir de trouver quelqu'un qui va t'écouter et qui va comprendre comment tu vis les choses en toi? Je t'encourage à donner la chance à la psychothérapie de prouver qu'elle peut t'aider. Je suis là pour toi, moi, ici, mais il faut que tu m'ouvres ta porte, que tu y croies et que tu fasses la part qui te revient. »

Comme on a pu le constater dans l'étude de ces quatre cas, l'analyse des allégories en succession facilite grandement le travail de décodage en vertu de l'effet de cumul : une fois que le repérage du mode s'est opéré, les allégories qui suivent viennent étayer l'hypothèse retenue. Ce repérage peut être réalisé relativement tôt et, souvent même, avant d'entrer dans l'analyse des données du thématique, particulièrement quand on peut compter sur une allégorie élaborée en situation de jeu libre. Il va de soi que la connaissance des modes est un préalable absolument incontournable pour se familiariser avec ce travail d'analyse. D'ailleurs, il n'est en rien exagéré de soutenir que, plus cette connaissance est profonde, plus aisée s'avère l'analyse des allégories, que celles-ci aient été fournies en situation de jeu spontané ou en situation thématique.

Conclusion

Dans l'introduction du présent ouvrage, nous avons proposé qu'il pourrait être fécond d'analyser les allégories produites au TAT de la même manière qu'on peut le faire avec celles provenant du jeu spontané, compte tenu de la grande parenté existant entre l'une et l'autre situation projective. Le lecteur, psychologue clinicien ou étudiant de psychologie, jugera sur la base de ce qu'il aura appris dans ces pages ou expérimenté dans sa pratique personnelle (actuelle ou éventuelle) si nous avons réussi à démontrer que la méthode qui découle de cette hypothèse s'est avérée facile d'accès et permet véritablement d'accéder rapidement à un niveau de maîtrise assurant la qualité de l'évaluation.

Quoi qu'il en soit de cette appréciation, nous ne pouvons nous empêcher, dans cette conclusion, de comparer la méthode présentée dans cet ouvrage avec celle mise au point par l'école française inaugurée par Vica Shentoub et ses collaborateurs (Shentoub et coll., 1990) et maintenue active par ses continuateurs (Brelet-Foulard & Chabert et coll., 2003). Il importe de préciser d'entrée de jeu que l'une et l'autre approches s'inspirent d'une même orientation théorique, celle de la psychanalyse. Cela étant, il nous faut quand même nous empresser d'ajouter qu'il y a entre elles des différences marquées.

Notre méthode est issue d'une longue expérience de l'interprétation des allégories ludiques. Elle porte attention au contenu (aux allégories elles-mêmes) plutôt qu'à la forme dans laquelle ce contenu est livré et aux éléments caractérisant le contexte de la communication. En mettant l'accent sur le contenu, elle permet une centration sur ce qui est essentiel à la compréhension de la problématique affective du sujet. Cette centration s'opère en effet en premier lieu par le repérage du support identitaire sous toutes les formes que suscitent chez le sujet les diverses situations projectives, celles suggérées par le matériel thématique ou celles mises en place par le sujet lui-même dans le jeu spontané. Une fois que ces figures représentatives du sujet sont identifiées, il devient relativement facile de mettre à nu le sens des actions qu'elles réalisent ou des situations dans lesquelles elles se retrouvent. Cet ensemble de données permet de reconnaître rapidement le niveau de développement du sujet ou son mode de fonctionnement affectif. C'est précisément grâce à la connaissance de ce mode qu'on peut débusquer le sens des symptômes, ceux-ci étant compris comme autant d'appels à l'aide, autant de protestations ou autant de tentatives visant à contrer l'anxiété. La psychothérapie qui suit l'évaluation ne peut être efficace que si elle prend assise sur ce tableau d'ensemble, puisque celui-ci circonscrit de façon précise le terrain sur lequel elle va vraiment pouvoir donner les bienfaits attendus.

La perspective de l'école française, de son côté, centre son analyse sur des caractéristiques formelles ou contextuelles de la communication du sujet en situation TAT. Elle propose l'utilisation de

53 déterminants[12], qui sont regroupés en types de procédés, puis en « séries ». Une grille d'analyse est proposée et le moins qu'on puisse en dire, c'est qu'elle est vraiment complexe. S'initier soi-même à cette méthode nécessite un niveau élevé de motivation et, surtout, beaucoup de persévérance. L'enseigner à des étudiants de psychologie ou à des psychologues récemment diplômés représente tout un défi[13]. Ce qui déconcerte habituellement ceux qui s'initient à son utilisation, c'est la lourdeur du processus d'analyse qui s'ensuit; pour que la méthode produise un minimum de résultats, il faut que son utilisateur ait non seulement une connaissance approfondie des déterminants, mais surtout qu'il s'y réfère dans l'analyse des élaborations données devant chacune des 15 ou 16 planches du TAT, de telle manière à pouvoir les y reconnaître. Rares sont les psychologues qui continueront d'utiliser cette approche une fois qu'ils seront arrivés sur le terrain de la pratique clinique. Rares également seront les superviseurs qui feront appel à cette méthode, à cause de frais élevés, voire prohibitifs qui s'ensuivraient pour le psychologue en supervision.

L'approche mise au point par Shentoub et ses élèves, nous semble-t-il, s'inspire pour l'essentiel de

12 On trouvera dans Wikipedia sous *Thematic Apperception Test la* liste de ces déterminants et leur organisation à l'intérieur de quinze types de procédés, ceux-ci étant eux-mêmes répartis en quatre « séries » : A (rigidité), B (labilité), C (évitement du conflit) et E (émergence des processus primaires).

13 Les professeurs de psychologie responsables de la formation clinique dans une perspective psychodynamique savent à quel point ils doivent batailler ferme actuellement pour assurer le maintien de l'initiation au TAT dans le cursus universitaire; il n'y a pas de doute que le caractère abstrait, voire hermétique de la perspective française, quand elle est utilisée, ne leur facilite pas la tâche dans ce combat.

l'expérience psychanalytique auprès d'adultes. La perspective qui a été présentée dans cet ouvrage, pour sa part, est fondée sur les données de la pratique psychothérapeutique auprès des enfants et des adolescents[14] et, plus précisément encore, sur la nécessité de prendre leurs productions comme des allégories à l'intérieur desquelles il est toujours possible de repérer la présence du support identitaire. Nous avons la conviction que la stratégie d'analyse que nous proposons est d'acquisition nettement plus facile et que les cliniciens qui l'adopteront continueront de l'utiliser dans leur pratique clinique ultérieure.

Il y a une autre caractéristique différenciant les deux perspectives qui n'a pas encore été évoquée, mais qui mérite grandement de l'être. Contrairement à la stratégie française, qui nous semble conçue pour répondre surtout aux besoins de l'évaluation, notre méthode vise d'abord et avant tout à orienter le travail psychothérapeutique qui va s'ensuivre; car, en plus de dégager la nature du terrain dynamique d'où émanent les symptômes, elle permet de préciser le sens particulier que ceux-ci véhiculent, la nature du cheminement à faire suivre au sujet et l'horizon vers lequel ce cheminement se dirige, sans oublier la nature des recommandations à faire aux parents pour qu'ils puissent mettre en place les conditions favorables à la levée de la problématique et à l'accès de leur enfant

14 M. Boekholt (1993) a proposé une application aux enfants inspirée de la perspective de Shentoub et de ses continuateurs. Certes, le nombre des procédés y est moindre (38), mais l'analyse repose toujours sur la prise en compte des caractéristiques du discours de l'enfant ou de ses réactions au contexte. Sa méthode présente à nos yeux les mêmes limites que celle appliquée aux adultes.

au niveau de développement affectif des enfants bien portants de son âge.

Si notre approche a été mise au point grâce à l'évaluation d'enfants (de 8 ans et demi ou plus) et d'adolescents (de 15 ans ou moins), peut-on considérer qu'elle est utilisable auprès des adolescents plus âgés et, surtout, auprès des adultes? Nous n'hésitons pas à donner une réponse affirmative à cette question. Certes, à mesure que le sujet avance dans l'adolescence et s'approche de l'âge adulte, le fonctionnement de la personnalité perd de sa souplesse ou gagne en « fixité » : on progresse beaucoup plus difficilement d'un mode inférieur à un mode supérieur (Bergeret, 1984), quand la chose reste encore possible. Dès lors, et surtout pour les sujets qui ont atteint l'âge adulte, le clinicien doit faire usage des catégories nosographiques qui témoignent de ces conditions particulières. Le tableau dégagé par le professeur Jean Bergeret tout au long de son œuvre est fort éclairant sur ce plan. Il est bâti très précisément sur le même socle que celui utilisé dans notre perspective : celui d'une compréhension structuro-génétique du développement affectif. Il est donc facile de voir la continuité entre le mode de fonctionnement œdipien tel que nous l'avons décrit et les structures névrotiques de Bergeret, entre nos modes de fonctionnement anaclitique et les a-structurations limites du même auteur, entre notre conception de la parapsychose (et de la psychose) et celles bergeretiennes des mêmes niveaux.

Comme second argument, nous rappellerons qu'en traversant les années de l'adolescence et en atteignant l'âge adulte, les garçons et les filles ne cessent pas de se projeter dans les figures qui leur conviennent. Tout comme les sujets plus jeunes, dans la situation TAT, ils adoptent comme support identitaire soit l'une des figures (humaines ou animales) ou l'un des objets présentés (p. ex. un arbre, une barque, une maison, etc.), soit une figure hors image de leur cru. Ils mettent eux aussi ce support identitaire dans des situations précises, ils lui font accomplir des actions ou ils lui prêtent des intentions, tout autant d'éléments projectifs qui révèlent clairement leur mode de fonctionnement affectif. Il n'y a donc rien qui puisse laisser croire que, dans le cas des adultes, la stratégie d'analyse du matériel doive être différente que celle que nous avons utilisée auprès d'une clientèle plus jeune.

Ce ne sont pas là les seuls arguments possibles. Freud a régulièrement soutenu que « l'enfant est le père de l'adulte », signifiant par là que l'enfant qu'on a été continue de subsister derrière l'adulte qu'on est devenu. Affirmer que la pratique psychanalytique a largement démontré le bien-fondé de cette position est devenu une lapalissade. De façon complémentaire, nous avons nous-même avancé que la psychothérapie auprès des enfants éclaire de manière considérable le travail psychothérapeutique auprès des adultes et que la pratique infantile en constituait la meilleure préparation possible. Cela étant, il ne nous semble pas du tout déraisonnable d'avancer que la pratique d'un instrument d'évaluation tel le TAT auprès d'une clientèle plus jeune représente la meilleure voie d'accès à son utilisation pleinement maîtrisée auprès des adultes.

Pour conclure, nous tenons à livrer une confidence : l'élaboration de cet ouvrage nous a donné l'occasion d'entrevoir le potentiel tout à fait remarquable du TAT pour l'évaluation du fonctionnement psychoaffectif. À plusieurs reprises, nous avons été étonné, voire fasciné de constater ce que cet instrument permet de révéler au sujet de ce qui s'agite au plus profond du psychisme. Nous avons eu l'impression à maintes reprises d'être entrés dans une *terra incognita* et de pouvoir y découvrir toutes sortes de « merveilles » permettant d'aider de façon plus éclairée les enfants et les adolescents en difficulté sur le plan psychoaffectif. Au terme de cette élaboration, nous exprimons le souhait que ce plaisir et cet émerveillement qui nous ont habité tout au long de notre travail soient le lot de ceux qui choisiront de faire le même parcours.

Trois-Rivières, ce 15 avril 2014

Bibliographie

Bergeret, J. (1984). *La personnalité normale et pathologique*, Paris, Dunod.

Boekholt, M. (1993). *Épreuves thématiques en Clinique infantile : approche psychanalytique*, Paris, Dunod.

Bossé, M. (2003). *Initiation à la pratique psychothérapeutique auprès de l'enfant*, Montréal, Groupéditions.

Bossé, M. (2011). *« Pourquoi j'irais chez la psy, maman?... »*, Montréal, Groupéditions.

Bossé, M. (2012). *Le mode de fonctionnement affectif de l'enfant : son analyse par le jeu spontané*, Montréal, Groupéditions.

Brelet-Foulard, F. & Chabert, C. (sous la direction de) (2003). *Nouveau Manuel du TAT,* Paris, Dunod.

Shentoub, V. & Al. (1990). *Manuel d'utilisation du T.A.T. (Approche psychanalytique)*, Paris, Dunod.

Table des matières

COLLECTION ■ **CURSUS UNIVERSITAIRE**

La collection ***Cursus universitaire*** a pour vocation de publier des ouvrages de sciences humaines et sociales s'adressant à des chercheurs et des étudiants en formation initiale et continue dans les différentes disciplines qui composent ce champ d'étude : éducation, histoire, sciences politiques, économie, psychologie, travail social, philosophie, didactique, droit, etc. Ne privilégiant aucune école de pensée, la collection a pour raison d'être d'explorer des perspectives problématiques, d'éclairer des problèmes de recherche et de promouvoir la réflexion sur des questions humainement et socialement vives.

Ouvrages publiés

Criminologie, idées et theories. De l'Antiquité à la première moitié du 20e siècle
Jean-Claude Bernheim

Guide d'accompagnement de la formation à la recherche : un outil de réflexion sur les termes et expressions liés à la recherche
Sous la direction de Yves Lenoir

Initiation à la pratique psychothérapeutique auprès de l'enfant
Michel Bossé

L'interculturel et la construction d'une culture de la reconnaissance
Sous la direction de Driss Alaoui et Annick Lenoir

L'analyse en tant que jeux des allégories produites au TAT. Nouvelle méthode d'initiation à l'épreuve
Michel Bossé

La psychologie du collectionneur. Essai de Typologie
Hubert Van Gijseghem

Les médiations au cœur des pratiques d'enseignement-apprentissage : une approche dialectique
Yves Lenoir

Vous avez dit appliquée? La politique appliquée
Sous la direction de Hugo Loiseau

Ouvrages en préparation

Les disciplines scolaires et la vie hors de l'école
Sous la direction de Abdelkrim Hasni, Johanne Lebrun et Yves Lenoir

Procédures méthodologiques en acte dans l'analyse des pratiques d'enseignement : approches internationales
Sous la direction de Yves Lenoir et Rocío Esquivel